고익진 교수님이 들려주는

불교 이야기

※ 이 글은 1986년 서울 불광사에서
대중설법 하신 내용을 녹취하여 정
리한 것입니다.

목   차

제1부 : 눈이 없는 세계

1. 불교를 접하게 된 인연

제가 오늘 여러분들에게 강의하고자 하는 내용은 '원시불교'입니다. '원시불교에 대한 개략적인 이야기'를 오늘 2시간, 내일 다시 2시간에 걸쳐서 해달라는 부탁을 받았습니다. 제가 학교에서 담당하고 있는 과목 중에서 원시불교와 관련된 것으로 '아함경 강의'가 있는데 학생들에게 인기도 있고 좋은 평가를 받고 있습니다. 그래서 그런지 저를 두고 '아함경을 전공한 사람이다'라고 말하는 사람들이 많이 있습니다.

그러나 사실은 제가 중점적으로 공부하고 있는 것은 아함경이라기보다는 '한국 불교 사상'입니다. 제가 가장 큰 관심을 가지고 있는 분야는 '한국불교의 사상이 어떻게 역사적으로 전개되어 오늘에 이르렀나'라는 것을 밝히는 일입니다. 그리고 '한국불교가 현대 사회 속에서 어떠한 방향을 잡고 나가야 할 것인가’ 라는 것을 탐구하는 일입니다.

그런 작업의 일환으로 『한국불교전서』의 편찬 작업에 뛰어들어 현재 ‘신라시대편’, ‘고려시대편’을 완간하고 ‘조선시대편’ 제1책 편찬이 곧 연말에 나올 단계에 있습니다. 88년까지는 『한국불교전서』 10권을 완간해야 되지 않겠나 하고 저희 직원들과 더불어 열심히 일을 하고 있습니다.

그런데 제가 동국대학교에서 아함경도 강의하고 대승불교도 강의하고 또 한국불교사상에 대한 연구를 하는 등 여러 가지 학문적인 작업에 종사하고 있습니다마는, 제일 처음에 불교를 접하게 된 인연은 역시 ‘반야바라밀’ 이었습니다.

제가 불교학을 하기 전에는 의학을 공부하고 있었습니다. 그러다가 우연히 병이 들었어요. 그게 21세에 병이 들었는데 그 뒤로 꼭 5년간을 한 병원에서 보냈던 것입니다. 한 병원에서 5년간 병실 속에서 보낸다는 것은 참으로 지겹고 괴로운 일이었습니다. 그나마 5년이라는 세월로 병이 낫는다는 보장도 없었습니다. 그런 막막한 절망 속에서 젊은 20대의 초반을 병실에서 어두컴컴하게 보냈던 것입니다.

제가 그때 느꼈던 것은 주로 인생의 어두운 면들과 인생의 근원적인 무상함에 관한 것이었습니다. 그때의 저로서는 우리 인간들이 가치 있는 것이라고 말하는 학문, 부귀, 건강 등등의 것들이 끝내는 덧없이 사라지는 것들이라는 것을 절실하게 느끼지 않을 수 없었던 것입니다.

그러다가 몸이 조금 나아져서 한 조용하고 한적한 사암에 눌러 앉게 되었습니다. 그 사암은 커다란 절도 아니고 그렇다고 역사가 깊은 사찰도 아니었습니다. 그냥 제 어머님이 염불을 익히시는 절이었습니다. 저희 어머님은 학교 교육도 받아 보시지 않은 분이었습니다. 그러나 자식들을 다 키워서 교육을 마치시고는 이제 한 아녀자로서 할 일은 다 하셨다 하는 생각을 하신 겁니다. 그래서 모든 일을 정리하시고 산에다가 조그마한 암자를 하나 지으신 겁니다. 그리고 거기에 들어가서서 염불 공부를 하고 계셨습니다.

비록 조그마한 암자지만 제가 병원에서 퇴원을 하고나서 거기에서 정양을 하게 된 것입니다. 그때 그 조그마한 암자에 가서 제가 처음 만난 경전이 『반야심경』이었습니다. 반야심경은 바로 아까 여러분들이 독송했던 것인데,

말 그대로 '반야바라밀다의 핵심을 설한 경' 입니다. 그러한 반야심경을 정말로 뜻밖에 만나게 된 것입니다.

제 어머니도 불교학을 정식으로 공부하신 분이 아니었고 또 거기에는 가보니까 아직 스님도 없었습니다. 이제 겨우 뼈대를 지어서 그 위에다 지붕을 얹어 놓았고 아직 흙벽을 쌓기도 전인 조용하고 호젓한 곳이었습니다. 따라서 불교를 누구한테 들을만한 그런 인연도 아직 마련하지 못한 곳이었던 것입니다.

2. 반야심경에서 만난 화두

거기에서 반야심경을 처음으로 대하게 된 것은 제 인생을 바꿔 놓은 가장 큰 계기가 되었습니다. 그때 제가 그 반야심경을 보고 크게 놀라지 않을 수 없었던 대목이 있었던 것입니다. 그것은 다음과 같은 구절입니다.

是故 空中無色 無受想行識 無眼耳鼻舌身意
시고 공중무색 무수상행식 무안이비설신의
無色聲香味觸法
무색성향미촉법

이라는 대목이었습니다. 우리말로 옮기면 "그러니까 공한 것 가운데에는 눈도 없고, 귀도 없고, 코도 없고, 혀도 없고, 몸도 없고, 마음도 없나니라. 색·소리·냄새·맛·촉감·법이 없나니라" 라는 뜻이 됩니다.

　요약하자면 '공(空) 속에는 오온(五蘊)도 없고, 육근(六根)·육경(六境)도 없다' 라는 뜻이 되겠죠. 그러나 그때의 저로서는 이 말들이 무엇을 의미하는 지 알 수가 없었습니다. 물론 그 이외의 다른 구절들이 의미하는 바도 그때의 저로서는 이해할 수가 없었습니다.

　어쨌든 그때 저에게 가장 인상적이고 충격적이었던 말은 '눈이 없다' 라는 것이었습니다. 저는 분명히 눈을 가지고 있습니다. 그리고 여러분도 눈을 가지고 있기 때문에 이 색(色)을 볼 수 있는 겁니다. 눈이 없으면 색을 보지 못합니다. 하지만 분명히 눈이 있기 때문에 우리가 색을 보고 색을 보면서 행동을 하고 있는 것입니다. 그런데 '눈도 없고, 색도 없나니라' 이렇게 반야심경에 쓰여 있었던 것입니다.

　이것은 정말로 받아들일 수 없는 세계를 저에게 제시하고 있었어요. 분명히 눈이 있고 색이 있는 세계에서 저는 살고 있었습니다. 그리고 그 속에서 내가 무엇 때문에 살고 있는가를 고민하고 있었던 것입니다.

병원에서 지낸 5년이라는 덧없는 세월 속에서 절실하게 느꼈던 그런 문제는 분명히 눈이 있는 세계에서 일어나고 있는 것이었습니다. 그런데 그런 세계가 없다는 반야심경의 교설을 처음 대했을 때 제가 받았던 충격은 정말로 큰 것이었습니다.

그래서 저는 그 말을 들은 뒤로 3년 간 아무것도 못하게 되고 말았어요. 여러분들도 지금 반야심경을 읽는 분이 많이 계실 겁니다. 그런데 어째서 반야심경을 읽으시면서 그런 말씀에 충격을 받지 않는가가 저는 이상한 것입니다.

저는 그 말을 들은 뒤로 3년간 아무것도 못하게 되었는데, 나중에는 문을 열려고 하다가도 멈추고서는 '내가 이 문을 왜 열지' 이런 생각을 하게 되었습니다. 드디어는 밥을 먹다가도 '이 밥을 먹는 자가 누굴까'라는 생각에 빠지게 되었습니다. '도대체 눈도 없고 색도 없는 세계에서, 먹고 있는 자는 누구란 말인가' 이런 생각을 하면서 3년을 보냈던 것입니다.

그리하여 비로소 제가 제 인생을 결정했습니다. 3년쯤 하니까, 이제는 부처님이 왜 '눈이 없다'라는 말씀을 하셨는지를 제 나름 대로 이해할 수 있었던 것입니다.
‘눈이 있다는 세계’와 ‘눈이 없다는 세계’, 이 두
세계는 서로 도저히 용납할 수 없는 그런 세계입니다.
‘반야바라밀다’라는 말로 전해지고 있는 것은 바로
그런 세계였던 것이었습니다.

　그리하여 저는 그러한 반야심경과의 인연을 감사하게
생각하게 되었습니다. 그와 같이 반야심경에서 뜻하지
않게 만난 화두에 대한 통찰의 과정을 거치고 나자 오히
려 제가 5년 동안 병을 참으로 잘 앓았다고 생각을 하게
됐습니다. ‘만일 60살이나 70살이 되어서 이러한 병의
절망적인 괴로움을 받았더라면 나는 지금과 같은 생각
을 해 보기도 전에 저 세상으로 가버리지 않겠나’라고
생각한 것입니다.

　‘다행히도 21살에 이러한 괴로움을 겪었기 때문에
28살에는 새로운 세계를 펼쳐 볼 수 있게 된 것이 아닌
가’라고 생각했던 것입니다. 이렇게 생각하고 나니
‘지금까지 고생하고 다른 친구들에게 뒤졌다는 생각’
이 말끔히 보상되는 것을 느꼈습니다. ‘나야말로 세상
에서 가장 행복한 사람이로구나’, ‘나야말로 이 세상
에서 가장 큰 부처님의 은혜를 입은 사람이로구나’ 이

렇게 생각을 하니 제 생활이 새로워졌습니다.

3. 불교 공부에 대한 열망

　그 때부터 저는 '부처님의 말씀을 좀 더 정확하게 이해해야 되겠다' 라고 결심하고 새롭게 공부를 시작하게 됐습니다. 부처님이 설해 놓으셨던 부처님의 원래의 말씀을 공부하고 싶은 생각이 불현듯이 일어났습니다. 그래서 산스크리트[sanskrit 梵語]라는 어학을 공부하게 됐습니다.

　산스크리트를 공부하려고 보니까 문법책이나 사전 등의 학습 교재가 전부 영어로 되어 있었습니다. 그런데 옛날에 공부했던 영어와 독일어 등은 다 잊어버려서 그걸 처음부터 다시 공부하지 않을 수가 없었습니다.

　그래서 영어 문법부터 공부를 하고 나서 범어 공부를 시작할 수 있게 되었습니다. 범어 공부를 어느 정도 하고 나자 이제는 부처님의 원래의 말씀으로 된 반야심경을 읽을 수 있게 됐던 것입니다. 그래서 저는 지금도 인도 말로 된 반야심경을 줄줄 외울 수가 있습니다. 그건 항상 제 마음을 떠나지 않습니다.

　그때에 영어를 새로 공부하고, 또 그 영어로 된 문법 책으로 산스크리트어를 공부하고, 그 산스크리트어를 가지고 반야심경의 원문을 최초로 보게 된 것입니다. 한문 경전에서 볼 수 없었던 무한한 새로운 의미가 그 원어 속에 깃들어 있다는 것을 저는 그 때에 처음으로 발견했습니다.

　제가 불교 신도의 길을 떠나서 오늘날 불교학자의 길을 걸어가게 된 계기가 바로 거기에 있었던 것입니다. 불교를 학문적으로 연구하면 좀 더 정확한 부처님의 말씀을 밝힘으로써 내 의심을 끊을 뿐만 아니라 많은 다른 사람에게도 그런 이야기를 해 줄 수 있을 것이라는 생각을 하였습니다. 그런 생각으로 서른 한 살이라는 늦은 나이에 동국대학교 불교학과 제1학년으로 들어가게 되었던 것입니다.

　그리고 지금은 이렇게 불교대학 교수로서 강단에까지 서게 되었습니다. 그리고 예전에는 전혀 생각도 안 해 보았던 한국불교의 역사적인 발자취까지 더듬는 그런 사람이 되었습니다. 그래서 오늘 이 시간에 여러분들 앞에 서서 이런 얘기를 제가 하고 있는 것입니다. 이것은 모두 '반야바라밀다의 힘' 이요 '부처님의 은혜' 라고 생각합니다.

저는 오늘 원시불교와 아함경에 대한 강의를 해달라고 해서 왔습니다. 그런데 여러분들 얼굴을 보는 순간에 아함경 강의보다도 저의 인생 경험담이 훨씬 여러분들에게 도움이 되지 않겠나 라는 생각이 들었습니다. 그래서 지금 이런 이야기를 하는 것입니다.

4. 아함과 반야의 관계

그런데 반야바라밀다의 공의 세계의 참다운 이해를 위해서는 아함경부터 공부해야만 되는 것입니다. 아함경에 대한 공부 없이 그냥 반야경만 보고 반야의 지혜를 터득할 수 있다는 것은 정말로 전생에 수없이 보살행(菩薩行)을 행한 상근기(上根機)여야만 가능한 일입니다.

우리들 같은 범부 중생들은 반야의 지혜를 얻으려고 하면 얼마나 많은 수행의 과정을 거쳐야 하는지, 얼마나 많은 선정과 헤아림의 과정을 거쳐야 되는지를 잘 모릅니다. 그것을 몰랐기 때문에 저는 처음에 '눈이 없다 라는 세계'에서 마음을 일으켜 3년간 아무것도 못하게 되었던 것입니다.

저는 그때 대단히 몸이 약했습니다. 하루에 한 시간 동안 조용히 앉아서 좌선을 할 체력과 능력도 없었습니다. 그렇지만 눕건 앉았건 조금이라도 마음의 여유가 있으면 그 문제에 골몰했습니다. 지금 여러분들은 여러 가지 생활 문제나 또는 직장 때문에 바쁘시리라고 봅니다. 그래서 과연 몇 시간을 반야바라밀다를 생각하는 일에 바치고 계시는지 모르겠어요.

저는 그때 몸이 비록 약했지만 저에게 주어진 모든 시간을 그 '반야의 문제'에 매달렸습니다. '도대체 왜 눈이 없다는 것인가', '왜 모든 것이 공하다고 하는 것인가', '모든 것이 공하다면 행도 있을 수가 없을 텐데, 왜 공을 체득한 자가 보살의 행을 해야 되는 것인가' 이러한 등등의 문제는 쉽게 풀리지 않는 것이었습니다. 그러한 문제들을 체계적으로 또 정확하게 여실요지(如實了知) 하기 위해서는 아함경의 이론이 뒷받침 되어야 한다는 것입니다.

제2부 : 아함경 이야기

1. 아함경의 분류 체계와 시대 정신

여러분들 교재를 보시면 "아함경은 크게 4가지로 나뉘어진다" 라고 설명되어 있습니다. 장아함·중아함·잡아함·증일아함 등의 네 아함을 통칭하여 『아함경』이라고 말하는 것입니다.

『장아함(長阿含)』은 긴 경전들을 한 30개 가량 모아 놓은 경전입니다.

『중아함(中阿含)』은 중간 길이의 경전 222개를 60권으로 모아 놓은 것입니다.

『잡아함(雜阿含)』은 좀 짧은 경전들인데, 1362개의 경을 50권에 담아 놓은 경전의 모임이라고 볼 수 있습니다.

『증일아함(增一阿含)』은 471개의 경을 51권에 모아 놓은 문헌입니다.

우리가 아함경이라고 말할 때, 그 경은 하나의 경을 가리키는 것이 아닙니다. 앞에서 살펴본 바와 같이 많은 경전을 모아 놓은 한 무리의 경전을 『아함경』이라고 부르는 것입니다. 이 4종의 아함경의 총 권수를 보게 되면 183권이나 되니까 상당히 큰 문헌이라는 것을 알 수 있습니다.

그런데 그렇게 큰 문헌 속에 그렇게 많은 다른 교리가 섞여 있느냐 하면 그렇지는 않아요. 장·중·잡·증일 아함에 있는 경전들을 잘 살펴보면 거의 같은 이야기들이 반복되고 있는 것을 알 수 있습니다. 거의 같은 이야기들이 이리 저리 중언부언(重言復言) 되고 있는 것입니다. 아함경에 실린 경의 권수가 183권으로 많지만 거기에서 핵심적인 교리를 골라 보면 '4가지 법문(法門)' 밖에 없습니다. 그 4가지 법문을 이리 저리 다양하게 반복적으로 설하고 계시는 것입니다.

거의 같은 말씀을 수 없이 되풀이하고 계시는 것은 『반야경』에서도 마찬가집니다. 반야경에서 가장 핵심은 '반야심경' 입니다. 반야심경을 읽어보면 가장 핵심은 '오온(五蘊)이 공(空)하다' 라는 것이고, 오온이 공하다는 입장에서 '반야바라밀다를 행하자' 라는 것입니다. 그 두 마디가 가장 중요한 것입니다.

이 반야심경에 있는 핵심적인 말씀은 600권으로 구성된 『대반야경』에도 그대로 나옵니다. 그 이외에 대장경에 보면 반야경류(般若經類)가 총 28종이 더 들어 있습니다. 그것의 경수는 43경이고 권수는 777권에 이르고 있습니다. 아함경의 3배 정도의 방대한 분량이라고 할 수 있는 것입니다. 그러나 그렇게 방대한 반야경에서도 결국은 반야심경에서 말한 것과 마찬가지로 '모든 것이 공하다'라는 것과 '보살행(菩薩行)을 행하라'라는 두 마디가 핵심인 것입니다.

마찬가지로 아함경에도 많은 경이 설해지고, 그것이 장·중·잡·증일 아함으로 분류되어 있습니다만, 그 내용은 '네 가지 법문[四大法門]' 밖에 없다는 것입니다. 그래서 이 네 가지 법문을 여러분들에게 하나씩 소개해 볼까 하는데, 너무 많은 분들이 여기 앉아 있어서 제가 칠판에다 아무리 크게 써봤자 저 뒤의 사람은 보이지도 않을 것 같습니다. 그래서 그냥 쭈욱 이야기를 해나갈 수밖에 없을 것 같습니다. 양해해 주시길 바랍니다.

그런데 왜 똑같은 법문을 4종의 아함으로 부처님의 제

자들이 나누어 놓았을까요. 아함경은 부처님의 말씀을 처음부터 기록한 것이 아닙니다. 그리고 부처님은 스스로 붓을 들고 책을 쓰신 분이 아닙니다. 사람들을 모아 놓고 그냥 설하신 것입니다. 그런 부처님의 교설이 제자들의 기억을 통해서 후대로 전해 내려갔던 것입니다.

그래서 한 300년쯤 있다가 문자로 기록이 되기 시작한 것입니다. 300년 동안은 구전되었다는 것입니다. 구전되는 과정에서의 아함경의 모습은 춘향전의 판소리처럼 구전되었다고 생각하면 될 것입니다. 그렇게 구전하려면 스승이 제자에게 암송시키는 일정한 틀이 있어야 할 것입니다.

그러한 입장에서 긴 경전들을 모은 것이 『장아함』이고, 중간 길이의 경전을 모은 것이 『중아함』이고, 아주 짧은 것을 모은 것이 『잡아함』이고, 법수(法數)가 하나씩 불어나게' 모은 것이 『증일아함』입니다.

『증일아함』에서 '법수(法數)가 하나씩 불어난다'라는 것은 이런 말입니다. 불교 교리에는 주로 숫자가 붙어 있습니다. 이것도 다른 종교에서는 잘 볼 수 없는 현상입니다. 12처, 10업, 5온, 4제, 18계, 12연기, 18불공법, 6바라밀, 1불승, 10지 등과 같이 불교 교리의 명칭에는 거의 다 숫자가 붙어 있습니다.

왜 이렇게 숫자가 붙어 있을까요. 우선 '정확하게 모든 교리적인 내용을 포괄하고자 하는 입장'에서 숫자를 붙인 것이라고 볼 수 있을 것입니다. 그리고 '암송과 전승의 편의'를 위해서 숫자를 붙인 것이라고 볼 수 있습니다. 어쨌든 『증일아함』은 불교 교리를 숫자별로 분류하여 일법(一法)에서 시작해서 이법(二法), 삼법(三法)······ 십일법(十一法)까지를 법수에 따라서 모아 놓은 책입니다.

그렇게 본다면 장아함, 중아함, 잡아함, 증일아함 등의 4종의 분류 체계는 비슷비슷한 내용의 교설을 '암송과 전승의 편의'를 위해서 그와 같이 분류해 놓은 것이로구나 하는 것을 첫눈에 알 수 있는 겁니다.

그러나 좀 더 깊이 네 가지 아함의 분류가 왜 있게 되는가를 학문적인 입장에서 파고 들어가 보면 그렇게 간단하게 대답할 수 있는 것은 아닙니다. 중아함은 장아함보다는 짧은 경전들이 모여 있어야 하겠지만, 제가 실지로 조사해 보니까 중아함에도 장아함보다 더 긴 경전이 들어 있는 경우가 있었습니다. 그리고 또 증일 아함에도 상당히 긴 경전이 들어 있었습니다. 따라서 단순히 길이

만 가지고 분류해서 편찬한 것은 아니라고 말할 수 있습니다.

그렇다면 어떠한 기준에 의해서 아함경이 네 가지로 분류가 되었을까를 생각해 보아야 할 것입니다. 이러한 방면의 논문이 아직 학계에서 나온 것은 없습니다만, 제가 아함경을 여러 번 읽으면서 그 문제를 살핀 일이 있습니다.

그랬더니 장아함은 전부가 당시의 '외도(外道)를 비판하는 내용'의 경전들로 구성돼 있다는 것을 알 수 있었습니다. 불교는 다른 종교와 대화를 많이 나눈 종교입니다. 장아함에서 보면 다른 종교와 대화를 나누면서 다른 종교의 잘못을 지적하는 데서부터 불교의 가르침이 시작되는 겁니다. 그렇기 때문에 불교 경전에는 많은 외도(外道)들이 등장하는 것입니다.

외도라는 말은 불교적인 입장에서 쓴 것입니다. 자기 이외의 종교에 대해서 다른 종교에서는 이단(異端)이라는 말을 씁니다만, 불교에서는 외도라는 말을 씁니다. 불교 외의 종교들, 외도의 사상가들, 또는 외도의 수행자들이 아함경에는 숫하게 등장하고 있습니다. 그러한 사람들이 부처님과 정말로 허심탄회하게 대화를 나누고 있습니다.

　아함경을 보면서 대단히 놀라는 것은 다른 종교에 속한 사람들이 부처님께 찾아 와서 부처님과 진리에 관한 이야기를 하다가 부처님에게 일단 설복을 당하면 그 자리에서 부처님의 제자가 된다는 것입니다. 저는 이런 풍토가 2,500년 전의 인도 사회에서 가능했던 사상적, 사회적 배경에 대해서 늘 깊게 생각해 봅니다.

　「막스 베버」가 쓴 책에서 B.C. 5세기 무렵의 인도 사회의 언론의 자유에 대해서 말하는 것을 읽은 적이 있습니다. 바로 2,500년 전, 부처님 당시의 인도 사회를 말하는 것입니다. 그때에는 인도 사회처럼 언론의 자유가 잘 보장된 사회가 지구상에는 없었다는 말을 하고 있습니다. 정말로 실감이 나는 말입니다.

　그 당시의 인도 사회에서는 진리에 대한 토론을 할 때 누구라도 자유롭게 이야기를 할 수 있었다고 합니다. 하지만 독선적 입장이나 교조적인 교리에 입각해서 얘기하는 것이 아니라 항상 열린 입장에서 말하기를 좋아했다고 합니다.

　'이것이 성경에 쓰여 있으니까 진리다',

　'이것이 부처님의 말씀이니까 진리다',

이런 식의 입장에서 말하는 것이 아닙니다. 자기가 심복하는 종교를 떠나서 우리가 들어야 할 진리가 무엇이냐 하는 것을 허심탄회하게 이야기하는 풍토가 그 당시에 널리 유행하고 있었다는 것입니다.

전통적인 바라문 사회와는 대단히 다른 사회가 그 당시의 인도에 펼쳐지고 있었다는 겁니다. 침체된 농경 중심의 사회가 상업 경제 중심의 사회로 변해 가면서 많은 도시 국가들이 발생하고 있었던 것입니다. 당시의 인도 사회의 경제적 풍요로움과 정치적 자유로움이 그러한 사회적 풍토를 낳은 것이라고 볼 수가 있을 것입니다.

어쨌든 아함경에는 수많은 외도들이 등장하고 부처님과 대화를 나누고 있는데 그때에 설복이 되면 그 자리에서 부처님의 제자가 되는 모습을 많이 볼 수 있는 것입니다.

요즈음 한국 사회에는 많은 종교적인 대립이 야기되고 있는데 더 번지게 되면 종교 분쟁으로 까지 발전할지도 모르는 일입니다. 그러한 문제를 해결할 수 있는 길은 원시불교에서 볼 수 있는 이러한 대화의 전통에서 찾을 수 있지 않을까 생각합니다.

장아함에는 부처님과 외도들의 대화의 장면이 많이

나옵니다. 외도들과 대화를 나누면서 외도들의 잘못을 지적하자 외도들이 설복되어서 부처님의 말씀을 따라 간다 라는 내용을 설하는 경전들이 모여 있습니다.

앞으로 여러분이 장아함을 읽을 기회가 있으면 외도들과 부처님이 어떤 대화를 나누고 계시며, 또 외도들이 부처님의 말씀에 어떠한 반응을 보이는가를 살펴보시면 대단히 흥미로울 것입니다.

그런데 어쨌든 그러한 테마를 주제로 한 경전들은 자연히 길어질 수밖에 없는 것입니다. 많은 이야기를 서로 주고받으니까 장아함의 경전은 자연히 길어지는 형태를 띨 수밖에 없었구나 하는 것을 알게 될 것입니다.

중아함은 장아함에 비해서는 대체로 조금 짧은 경전들입니다. 그런데 중아함에서도 '외도들에 대한 비판'의 내용은 이어지고 있습니다. 그렇지만 부처님의 말씀에 대해서 '부처님과 제자' 또는 '제자와 제자' 사이의 열띤 토론이 주류를 형성하고 있습니다. 그러니까 부처님의 말씀에 대해서 서로 연구하는 것입니다. 요새 말로 하자면 꼭 세미나를 하는듯한 그런 내용을 기록한 문헌들입니다. 그래서 중아함은 부처님의 법을 중심으로 하는 '세미나의 기록'이라고 말할 수 있을 것입니다.

잡아함에는 주로 아주 짧은 경전들이 들어 있습니다. 여러분들은 아마 가장 짧은 경전이라고 하면 대뜸 반야심경을 생각하실 겁니다. 우리가 늘 외우는 반야심경은 270자 밖에 안 되니까요. 그렇지만 반야심경의 10분의 1도 안 되는 경전들이 잡아함에는 수도 없이 들어 있습니다.

다섯줄로 된 경전들도 있습니다.

"이와 같이 내가 들었다. 한 때에 부처님께서 어디에 계셨다. 이 때 부처님께서 비구들에게 이르시기를, '네 가지 진리가 있으니 잘 생각하라' 라고 하셨다. 비구들은 그 말씀을 듣고 환희봉행(歡喜奉行) 하더라"

하고 딱 끝나 버리는 것입니다. 이 정도로 짧은 경전들이 잡아함에는 수도 없이 많이 들어 있습니다. 그래서 전부 합하면 1,362경을 헤아리고 있습니다.

그런데 여기에는 외도들과의 대화도 없고, 중아함에서 볼 수 있는 바와 같은 세미나도 없습니다. 그냥 부처님의 법이 직접적으로 제시되어 있는 경전들이 모여 있는 겁니다. 따라서 부처님이 제시한 불교의 근본교리가 뭔지를 알고 싶으면 잡아함부터 공부해 나가시면 되는 겁니다.

  다음에 『증일아함(增一阿含)』은 아까 말한 대로 법수별로 나열되어 있습니다. 이것은 오늘날 저희들이 늘 보는 천수경과 비슷한 목적으로 편집된 것이라고 말할 수 있습니다. 우리가 아침에 일어나면 천수경을 쭉 외우고, 잊어버릴까봐 그 다음날 또 외우게 됩니다. 증일아함도 이와 같이 잊어버리지 않고 외우기 위해서 편집된 것이라고 말할 수 있습니다. 부처님께서 많은 법문을 설하셨는데 그것을 절대로 잊어서는 안 되는 것입니다. 그래서 어린 학생들이 구구단을 외우듯이 법수에 따라서 분류해서 잊어버리지 않도록 매일 반복해서 외우게 하는 것입니다. 그렇게 이루어진 것이 바로 증일아함입니다.

  이렇게 보면 네 아함경이 참 잘 짜여 있음을 알 수 있습니다. 우선 외도들과 대화를 나누어서 외도들을 불교 속에 이끌어 들입니다. 그런 다음에 부처님의 법을 중심으로 좀 더 진지한 토론을 합니다. 그런 뒤에 부처님의 진정한 법이 무엇인가를 직접적으로 제시합니다. 그리고 나서 잊어버리지 않도록 늘 숫자에 따라서 암송하게 하는 것입니다. 이와 같은 내용과 형식에 의해서 체계적으로 분류되어 있는 것이 바로 네 가지 아함입니다.

2. 부처님과 제자들의 인간적인 모습

아함경의 내용을 잘 살펴보면 대승 경전의 내용과는 참 다르다는 것을 쉽게 알 수 있습니다. 저는 아함경을 보면서 어떤 때는 너무나 감동스러워서 소년 같은 감상에 젖을 때가 있습니다. 왜냐하면 아함경에 등장하는 사람들이 너무나 인간적이기 때문입니다.

대승경전(大乘經典)에 등장하는 부처님은 우주에 변만한 대일여래(大日如來)로서 그려집니다. 또는 청정(淸淨) 법신(法身)의 비로자나불로서 그려집니다. 또는 서방정토에 계시는 무량광(無量光) 무량수(無量壽)의 아미타 부처님으로 그려집니다. 대체로 모든 인간의 괴로움을 넘어선 초월적인 모습으로 그려집니다.

그러나 아함경에는 그렇지 않습니다. 병들고 괴로워하는 부처님입니다. 배가 고프시면 바루를 들고 나가셔서 탁발하시는 일상의 모습으로 그려져 있습니다. 그것도 일곱 집 이상은 가시지를 않습니다. 첫 집에 가셔서 배가 부를 만한 양을 탁발하시면 탁발을 그만 두고 수행처로 돌아가십니다. 모자라면 두 집, 세 집, 또 여러 집

을 돌아다니십니다. 그렇다 하더라도 일곱 집 이상은 가
시지 않습니다. 일곱 집을 돌아도 탁발을 충분히 얻지
못하면 그걸로 만족하고 수행처로 돌아가십니다. 이와
같이 청정하면서도 고단한 수행자로서 그려진 진솔한
모습의 부처님을 만날 수 있습니다.

그리고 설법하시다가 허리가 아프시면 시봉을 드는
아난을 불러서, "아난아, 여기에다가 이 승가리를 좀
펴다오" 라고 하시고는 허리를 펴시고 누워 계십니다.
부처님은 말년에 심한 허리 병을 앓으셨다고 합니다. 부
처님이 허리를 땅에 대고 누워 계시면 사리불이나 목련
이 법단 위에 올라가서 부처님 대신 설법을 하는 겁니
다. 부처님은 한참 쉬다가 일어나셔서 "착하도다. 착하
도다. 사리불이여. 그대의 이야기가 옳도다" 라고 칭찬
하시는 겁니다. 이런 모습의 진솔한 부처님을 아함경에
서 만날 수 있는 겁니다.

또 설사병이 나시면 아난이 동네에 가서 죽을 얻어옵
니다. 그러면 그것을 잡수십니다. 정말 우리와 똑같은
모습의 부처님입니다. 나는 오히려 이런 데서 부처님의
진면목을 만나는 것 같습니다. 또 그 제자들이 얼마나
순박합니까. 부처님의 그런 제자들이 있었기 때문에 불

교가 훈훈한 인간주의적인 길을 그 당시의 인도사회에
제시할 수 있었던 것이리라고 저는 생각합니다.

아함경에 등장하는 불제자들은 정말로 진지한 사람들
입니다. 저런 사람들이라면 나도 친구나 도반으로 삼고
싶다고 생각할 때가 참 많이 있었습니다. 저런 모임이
이 사회에 있다면 만사 제쳐놓고 나도 그 모임에 들어가
서 좋은 친구나 도반이 되고 싶다 라는 생각을 하게 되
는 것입니다.

제자들 중에서 특히 아난이 하는 행동을 보면 어떤 때
는 눈시울이 뜨거워지는 경우가 많이 있습니다. 아함경
에 흩어져 있는 아난의 모습을 주워 모으면 『인간 아
난』이라는 제목으로 큰 책을 몇 권 쓸 만한 풍부한 내
용과 감동적인 이야기가 많이 있습니다.

예를 들어 보겠습니다. 부처님이 열반에 드시려고 할
때였습니다. 다른 제자들은 이미 아라한의 경지를 다 얻
었던 것입니다. 그래서 부처님이 열반에 드시게 된다는
말을 듣고도 슬픔을 초월해 있었습니다. 그러나 아난은
그렇지 못했던 것입니다. 북받치는 눈물을 부처님 앞에
서 보일 수도 없었던 아난은 숲 먼 데로 혼자 몰래 빠져
나가서 땅을 치면서 통곡을 하는 겁니다. 실컷 울고는

눈물을 깨끗이 닦고 다시 부처님 앞에 돌아와서 아닌 척 하고 앉아 있는 겁니다.

그런 아난을 부처님이 모르실 리가 있겠습니까. 그래서 아난을 불러서 말씀하시길, "아난아, 너는 정말로 다른 사람이 가지고 있지 않은 희유한 미덕을 가지고 있나니라. 네가 대중 속에 있으면 그 대중이 항상 밝고, 모든 사람이 너와 이야기하고자 한다. 너는 참말로 다른 사람이 가질 수 없는 따뜻함을 가지고 있는 것이다" 라고 하시면서 칭찬하십니다.

아함경에 등장하는 부처님과 부처님의 제자들 그리고 외도로 있다가 승가에 들어 온 사람들은 다 그렇게 순박하고 진지하게 구도에 힘쓰는 사람들입니다. 저는 아함경에 펼쳐지고 있는 초기 교단의 모습이야말로 불교의 정신이 살아 있는 전형적이고 모범적인 모습이 아닐까 라고 생각합니다. 그리고 오늘날 우리에게 정말로 필요한 불교 법회의 모습은 이런 것이 아닐까 라고 생각합니다. 한국의 불교 법회가 모두 그러한 따뜻하고 인간적인 모임이 되어야 할 것이라고 저는 늘 생각합니다.

3. 아함의 4대법문과 불교의 6대법문

아함경에 설해지고 있는 교리의 내용은 네 가지로 나누어진다고 말했습니다. 그것을 아함의 4대 법문(法門)이라고 말합니다. 네 가지 중에서 첫째는 '업설(業說)의 법문(法門)' 입니다. '10가지의 선업(善業)을 지어라' 하는 가르침입니다. 그래서 '10업설' 이라고도 하고 '10선업설' 이라고도 합니다. 아함경에 설해져 있는 가장 기본적인 법문이 바로 10가지의 선업을 가르치는 '십선업(十善業)의 법문' 입니다.

둘째는 '육육법(六六法)의 법문' 입니다. 이것은 대단히 까다로운 법문입니다. 아함경에 설해지고 있는 교리 중에서도 대단히 중요한 법문입니다만 현재까지 학계에서는 거의 알려지지 않은 법문입니다. 앞의 업설은 세간법(世間法)이라고 말하지만 여기서부터는 출세간(出世間)의 법문이라고 말합니다. 왜냐하면 육육법을 탐구하는 과정에서부터 비로소 생사를 초월하는 길을 찾아가기 때문입니다.

셋째는 '오온(五蘊) 사제설(四諦說)의 법문' 입니다.

원시불교의 대표적인 법문이 바로 '오온 사제설'입니다. 인간의 다섯 가지 구성 요소인 색(色), 수(受), 상(想), 행(行), 식(識)의 오온에 대하여 무상(無常), 고(苦), 무아(無我)로서 관하게 하는 것이 오온에 관한 가르침입니다. 그리고 '괴로움(苦)'과 '괴로움의 일어남(苦集)'과 '괴로움의 사라짐(苦滅)'과 '괴로움의 사라짐에 이르는 여덟 가지 길(苦滅道)'을 설하는 것이 '사제(四諦) 팔정도(八正道)의 가르침'입니다. '오온에 대한 가르침'과 '사제 팔정도의 가르침'을 하나의 법문으로 일컬어서 '오온 사제설의 법문'이라고 하는 것입니다.

마지막 넷째가 '십이연기설의 법문'입니다. 인간에게 왜 '생사의 괴로움'이 있게 되는가를 밝혀주는 가르침입니다. 그 원인은 '진리에 대한 무지(無知)' 때문이라고 합니다. 그것을 '무명(無明)'이라고 표현합니다. 각자의 무지로 말미암아 생사의 괴로움이 일어난다는 것입니다.

인간의 괴로움은 하나님이 인간에게 내린 벌도 아니고, 운명적으로 지어진 것도 아니고, 또는 우연하게 일어나는 것도 아니라는 것입니다. 그것은 '진리에 대한 무지'에서 일어난다는 것입니다. 따라서 그러한 괴로움의 근본적인 해결 방법은 자기 마음의 무지를 없애고 무명을 밝히는 길밖에 없다고 설하십니다. 이것이 아함의 최상 법문인 12연기설(十二緣起說)입니다.

이상의 네 가지가 아함경을 구성하고 있는 '4대 법문(四大法門)'입니다. 따라서 183권이라고 하지만 이 네 가지 법문만 공부하면 아함의 교리는 끝나는 것입니다.

저는 불교의 가장 중요한 교리는 '여섯 가지 법문(六大法門)'이라고 봅니다. 팔만대장경이라는 문헌을 보면 대단히 방대합니다. 한국 스님들이 그 동안 쓰신 책들만 하더라도 무수하게 많이 있습니다. 그 중에서 중요한 것만을 정리해 보면 신라시대 세 권, 고려시대 세 권, 조선시대 세 권 등 아홉 권으로 다 뭉뚱그릴 수 있습니다. 그러나 권수로 하자면 그것도 엄청난 양입니다. 대략 천 페이지 되는 책이 아홉 권으로 되는 것이니까 엄청난 책입니다.

불교처럼 많은 문헌이 있는 종교도 없습니다. 다른 종교가 아무리 책을 많이 가지고 있다 해도 불교처럼 많은 책을 가지고 있는 종교는 없을 것입니다. 그렇게 많은 책이 있어서 도대체 무엇부터 공부해야 할 지 헷갈리기

도 하겠지만 알고 보면 여섯 가지 법문 밖에 없다는 것
입니다.

여섯 가지 법문 중에서 아함경에 설해지고 있는 것이
네 가지이기 때문에 아함경이 얼마나 중요한가를 알 수
있을 것입니다. 나머지의 두 가지는 대승불교의 경전에
설해지고 있습니다. 하나가 반야경에 설해지고 있는
'반야바라밀다(般若波羅蜜多)의 법문'입니다. 나머지
하나가 법화경에 설해져 있는 '일불승(一佛乘)의 법
문'입니다. 그래서 불교를 통통 털어 봐야 여섯 가지
법문이라고 저는 보고 있습니다.

'십업설·육육법설·오온 사제설·십이연기설'
까지 네 가지가 아함의 교설입니다. 그 다음에 대승반
야경의 '육바라밀설'과 법화경의 '일불승설'입니
다. 앞의 넷과 이 둘을 모두 합해서 '불교의 6대 법
문' 이라고 저는 말합니다.

그 밖에도 많은 경전이 있고 많은 법문이 있습니다.
없다는 것은 아닙니다. 그러나 나머지 법문들은 전부 이
여섯 가지 법문을 바탕으로 부연되고 발전되고 응용된
것입니다. 그래서 이 여섯 가지 법문만 공부하면 불교의
중요한 부분을 체계적으로 공부했다 라는 말을 할 수가

있습니다. 그런데 이러한 여섯 가지 법문 중에서 네 가지가 아함경에 있다는 것입니다.

4. 육사외도와 삼종외도 비판

장아함에서 설하는 것을 보면 부처님은 많은 외도들과의 대화를 통해서 외도들의 잘못을 지적하신다 라는 말씀을 드렸습니다. 그 당시의 외도들 중에는 전통적인 '바라문 사상(Brahmanism)'이 대표적인 것이라고 말할 수 있습니다. 이 브라마니즘은 베다(Veda)라는 문헌을 바탕으로 하는 것입니다. 베다는 B.C. 1,500년 경, 그러니까 지금부터 약 3,500년 전의 인도의 아리안 민족들이 유목생활을 하면서 신봉했던 여러 가지 신들에 대한 찬가를 모아 놓은 책입니다.

그러한 신들의 찬가, 기도, 제사, 주문 등등이 발전해서 불교가 일어날 무렵에는 상당히 높은 수준의 지적인 종교 철학으로 발전하게 되는 것입니다. 이러한 것을 '우파니샤드의 철학'이라고 합니다. 베다의 자연신교

적인 다신교 사상이 점점 발달해서 우파니샤드라는 상
당히 높은 지적인 종교 철학으로까지 발전해 가는 것입
니다. 이 계통의 사상을 바라문교 또는 브라마니즘이라
고 합니다.

그런데 그 사상은 상당히 복잡합니다. 뿐만 아니라 그
발달 과정에서도 다양한 변화를 볼 수 있습니다. 그러나
가장 기본적인 개념은 오늘날 기독교에서 말하는 입장
과 큰 차이가 없는 것입니다. 세계를 움직이는 가장 근
원적인 힘은 '브라만'이고 그 브라만으로부터 세계가
유출된 것이라고 말합니다. 브라만에서 흘러 나왔다는
것입니다. '브라만에서 유출되고, 브라만에 의해서 지
탱되고, 브라만의 지배를 받고 있다'라는 기본적인 입
장은 오랜 종교 철학의 발전 속에서도 한결같이 흐르고
있는 것입니다. 이것이 그 당시까지의 인도의 전통적인
종교 사상이었습니다.

그 다음에 그런 사상에 대해서 도전하는 사람들이 많
이 나옵니다. 그런 사람들을 사문이라고 부릅니다. 사문
들의 다양한 사상이 불교가 일어날 무렵 B.C. 5세기경의
인도에 우후죽순(雨後竹筍)처럼 나타나는 것입니다. 아까
말씀드린 바와 같이 그 당시에 도시 국가가 많이 발생합

니다.

언론의 자유가 최대로 향유되는 사회적 배경 속에서 많은 철학가들이 나와서 전통적인 바라문에 도전하게 되는 것입니다. 이러한 사상가들도 아함경에 풍부하게 수록이 되어 있는데 대표적인 것이 '육사외도(六師外道)'입니다.

이 육사외도의 사상도 참 재미있어요. 공산주의적인 '유물관(唯物觀)'도 있습니다. 또 자연과학자들이 가지고 있는 '요소설(要素說)'[세상의 모든 것들은 몇 개의 소립자와 같은 요소들의 결합에 의해서 이루어지는 것이다 라고 주장하는 이론]도 있습니다. 또 인간의 모든 운명은 이미 결정된 것이라고 주장하는 '결정론(決定論)'도 있습니다. 또 정신과 육체는 근원이 둘이냐, 하나냐 하는 등등을 논의하는 사상들도 있습니다. 그런가 하면 그 당시의 모든 이론의 진리성에 대한 인식 가능성을 부정하는 '불가지론(不可知論)'을 주장하는 사상가들도 있습니다. 더 나아가서는 인간의 인식 기능 자체에 대해서 극단적인 '회의론(懷疑論)'을 주장하는 사람들도 등장하고 있습니다. 그 당시에 이미 정말로 다양한 사상들이 나와 있는 것입니다.

부처님도 당시에 하나의 사문의 길을 걸어가셨던 사상가였다고 말할 수 있습니다. 어쨌든 당시의 사상이 그렇게 복잡했습니다. 그런데 궁극적인 진리라는 것은 하나여야 할 텐데 왜 설하는 사람마다 이렇게 견해가 다른가 하는 문제가 일어나게 되는 겁니다.

아함경에서 보면 부처님은 그 당시의 다양한 사상의 대립을 의식하면서 그러한 사상을 크게 세 가지로 나누셨다고 합니다. '모든 견해는 세 가지에 다 들어간다'라고 설하고 계십니다. 그게 중아함에 설해지고 있는 삼종외도설(三種外道說)이라는 겁니다.

"사람이 하는 바 일체는 하나님[尊祐]과 같은 절대자가 지은[化作] 것이 원인이다"라고 설하는 것이 '존우화작인설(尊祐化作因說)'이라는 겁니다.

그 다음에 "모든 인간의 길흉화복은 과거에 지은 업에 의해서 나타나는 것이다"라고 설한 것이 '숙작인설(宿作因說)'이라는 것입니다.

그리고 "모든 것은 그냥 우연하게 일어나는 것이다"라고 설하는 것을 '무인무연설(無因無緣說)'이라고 합니다. 부처님은 그 당시의 사상이 복잡하지만 이세 가지 사상에 다 포괄된다고 하시며 이것을 '삼종외도설(三種外道說)'이라고 하는 것입니다.

아함경에서 설하는 것을 보면 부처님은 외도들과 많은 대화를 나누고 또 그 잘못을 지적하고 계십니다. 그리고 그 외도를 분류하는 기준이 아함경에 숱하게 나와 있습니다. 가령 14무기설(十四無記說)이라든가 62견설(六十二見說) 오종악견(五種惡見) 등과 같은 것들이 많이 나옵니다. 그렇지만 가장 체계적이고 기초적인 것은 바로 '삼종외도설'입니다.

따라서 이 삼종외도설을 저는 상당히 중요시합니다. 오늘날 우리 주변에 있는 여러 가지 종교 사상들과 철학과 문학에서 설하는 인생관들을 조목조목 살펴보면 그세 가지에 다 들어 갈 수 있다는 것을 알 수 있습니다. 세 가지에 안 들어가는 것은 하나도 없다고 말할 수 있을 겁니다.

부처님은 이 세 가지 사상의 잘못을 지적하십니다. 만일 모든 것이 절대적 존재에 의해서 창조되고 지배된다고 하면 두 가지 현상이 설명되지 않는다고 합니다.

먼저 우리 인간들의 죄악이라는 것이 잘 설명이 되지 않는다 라고 부처님은 지적하고 계십니다. 모든 것을 절대자가 창조하고 지배하는 것이라고 한다면 인간이 어떤 악을 지었다고 하더라도 그것은 창조자의 뜻에 의한 것이라고 봐야 할 것입니다. 그렇다면 인간들은 자신이 지은 '죄에 대한 책임'을 질 필요가 없다는 말이 됩니다. 부처님은 그 잘못을 지적하고 계신 것입니다.

어떤 사람이 악을 지을 수도 있고 선을 행할 수도 있을 때에 선을 행하지 않고 악을 지었다고 한다면 그 책임은 그 사람에게 가야 하는 것입니다. 그래서 죄악이라는 것이 성립하는 거죠. 그런데 모든 것이 하느님의 뜻에 의해서 창조되고 지배되고 있다 한다면 그 모든 것 속에 그 사람의 생각과 행동도 들어가야 할 것입니다.

그렇다면 그 사람이 악을 행하건 선을 행하건 그것은 신의 뜻에 의해서 결정된 것이라고 봐야 하지 않겠냐 라는 겁니다. 그렇다면 죄악을 저지른 행위에 대한 책임도 하나님이 져야 하는 것이 된다는 겁니다. 이와 같이 부처님은 존우화작인설의 잘못을 지적하시는 겁니다.

또 만일 그렇게 본다면 우리들이 잘 살려고 하는 노력은 해서 뭘 하겠냐는 겁니다. 잘 사는 것도 하나님의 의지에 의해서 결정되는 일이고, 못 사는 것도 하나님의 의지에 의해서 결정되는 일이라면 우리들이 잘 살려는 노력을 한들 무슨 효용이 있을까 라는 생각을 할 수 있다는 것입니다.

'인간의 죄악의 책임 문제'와 '자율적인 노력의 문제' 이 두 가지가 마땅한 도리로 설명이 되지 않는다는 것을 지적하고 계신 것입니다.

'과거에 지은 업에 의해서 모든 것이 일어난다'라고 하는 '숙작인설(宿作因說)'에도 그 두 가지의 비판은 그대로 적용이 되는 것입니다. 가령 '사람이 악업을 지었다', 혹은 '살생을 하였다'하여도 그것은 '과거에 지은 업에 의해서 살생을 하게 되어 있으니까 살생한 것이다'라고 받아들이지 않겠냐 라는 겁니다.

그렇게 생각한다면 그 사람은 선업을 지으려는 노력을 할 필요가 없어지는 겁니다. 과거의 업에 의해서 죄를 짓도록 이미 결정되어 있으므로 모든 것을 피할 수 없다는 숙명론에 빠지게 된다는 겁니다. 또 과거에 내가 지은 업에 의해서 잘 살게 되어 있으면 가만히 있어도 잘 살 것이라고 생각하므로 애써 잘 살려는 노력을 할 필요가 없어지는 겁니다. 또 못사는 사람은 과거의 업에 의해서 못 살게 되어 있다 라고 생각할 겁니다. 그러면 잘 살려고 노력할 필요가 뭐 있겠습니까. 또 잘 살아 보려고 욕심을 일으킬 필요도 없는 것이 됩니다. 과거의 업에 의해서 모든 것이 이미 결정되어 있다고 말하기 때문입니다.

똑 같은 논법으로 '무인무연설(無因無緣說)'도 비판하고 있습니다. 모든 것이 원인도 없이 조건도 없이 뒤죽박죽으로 일어난다고 한다면 살생을 하는 것 등도 우연적으로 일어난다고 해야 할 것입니다. 그렇다면 그 사람에게 책임이 있을 리가 없고 또 노력할 필요도 없지 않겠냐 라는 겁니다. 이렇게 부처님은 그 세 가지 외도의 잘못을 아주 날카롭게 지적하고 계신 것입니다.

제3부 : 십이처설과 업설 이야기

1. 현실 세계를 설명하는 진리

이런 입장에서 부처님은 '바른 길'을 제시하시는 겁니다. 그렇다면 세상을 어떻게 봐야 '바른 진리'를 얻을 수 있을까요. 부처님은 삼종외도설의 비판을 통해서 우리에게 뭘 제시하고자 하신 겁니까. 가장 중요한 것은 종교에서 설하는 궁극적인 진리가 참다운 진리가 되기 위해서는 우리가 살고 있는 이 현실 세계의 모든 현상을 남김없이 설명할 수 있어야 한다는 겁니다. 어떤 부분은 잘 설명할 수 있지만, 설명하지 못하는 부분이 나온다면 그것은 궁극적인 진리라고 보지 못한다는 겁니다. 그것은 부분적인 진리에 불과한 것입니다.

'궁극적인 진리'라는 것은 우리 인간과 세계를 포함한 전 우주의 모든 현상을 가장 마땅한 도리로 설명할 수 있는 것이어야 합니다. 그리고 그것은 '하나'일 수

밖에 없습니다. 우리 인간들이 살고 있는 우주는 '하나'이니까요.

그런데 그런 궁극적인 진리를 설하는 내용들이 그 당시에 난립했다는 것이 문제입니다. '궁극적인 진리'라면 하나여야 하는데 그렇게 많이 나온다면 문제가 있다는 겁니다. 그러니까 그렇게 난립했던 종교들 중에서 '궁극적 진리'에 도달한 것이 있다면 그 하나를 제외한 나머지는 잘못일 겁니다. 또는 전부가 다 잘못일 수도 있을 겁니다. '궁극적 진리'에 도달한 가르침이 아직 없을 수도 있기 때문입니다.

그렇다면 무얼 가지고 우리들이 잘못을 가릴 수 있겠냐는 겁니다. 그것이 아까 말한 삼종외도설의 비판에서 보여진 것입니다. '궁극적 진리'를 가르치는 것이라면 '모든 것을 설명할 수 있는 것'이어야 하는데, 검토해 본 결과 삼종외도설은 두 가지의 가장 두드러진 인간 생활의 현실을 설명하지 못하고 있는 것입니다.

우리가 살고 있는 이 세계를 보면 죄악도 범하고 있고 선업도 행하고 있습니다. 그리고 잘 살려고 하는 노력을 하고 있는 것입니다. 우리가 공부하는 것은 잘 살려고 하는 겁니다. 우리가 왜 먹고 싶은 것도 참고 공부하고 노력하고 돈을 저축하고 합니까. 잘 살아보려고 하는 것입니다. 그것이 우리들의 엄연한 현실입니다. 그런데 그것이 설명이 안 되는 것입니다. 현실의 문제를 제대로 설명하지 못하는 것이 궁극적인 진리가 될 수는 없는 것입니다.

우리 주변에 볼 수 있는 기독교는 존우화작인설에 가장 가깝습니다. 모든 것은 하나님의 창조에 의해서 있게 된 것이라고 말합니다. 모든 것은 하나님에 의해서 다스려지고 하나님의 뜻대로 역사는 흘러간다고 보고 있습니다. 그러면 한번 생각해 봅시다. 그렇다면 우리들이 악을 지어도 하느님 뜻에 의한 것이라고 말해야 하는 것 아니겠습니까.

부처님은 어떤 종교의 진리성을 문제로 삼는다고 할 때 그 종교에서 주장하고 있는 '궁극적인 진리'가 우리 인간의 현실을 제대로 설명하고 있느냐 이것을 따져야 된다는 것입니다. 따져본 다음에 설명할 수 없는 면을 가지고 있다면 그런 진리는 궁극적인 진리라고는 볼 수 없다는 것입니다. 그러한 것은 부분적인 진리에 불과한 것입니다. 부분적인 진리를 가지고 궁극적인 진리인 척한다면 그것은 일반화의 오류를 범하고 있는 것입니다.

아함경에서 가장 중요하게 생각하는 것은 진리를 제
시하기 전에 우리 인간의 현실 세계를 먼저 보자는 것입
니다. 먼저 현실 세계를 정확하게 파악해서 그런 현실세
계를 일으키고 있는 근본 원리를 찾아들어가자는 겁니
다. 선입견에 매이지 않고 현실적인 문제부터 바로 보아
야 궁극적인 진리에까지 찾아갈 수 있다는 겁니다.

부처님은 그 길을 실제로 걸어가신 분입니다. 부처님
은 그 당시에 왕자의 몸으로 태어났습니다. 장가도 잘
가셨습니다. 또 아들도 낳았습니다. 그런 분이 모든 명
예와 부귀를 버리고 무엇을 위하여 출가를 하셨을까요.
그것은 그 당시의 종교의 문제성을 철저하게 의식하신
분이었기 때문일 겁니다.

그 문제를 해결하기 위해서 우선 그 당시의 외도들을
찾아가서 그 사람들의 사상을 직접 이해해야겠다고 생
각하신 겁니다. 그래서 그 과정을 거치십니다. 여러분들
이 부처님의 생애를 들으시면서 그런 말씀을 들었을 겁
니다. 제일 처음 누구를 찾아갑니까. 「알라라 칼라마」
와 「웃다카 라마풋타」를 찾아 갑니다. 찾아가서 실지
로 그 사람들과 똑같이 공부하고 그 사람들의 인가를 받

습니다. 그러고서 봤더니 아까 설정했던 기준에 어긋나
더라는 것입니다.

　그래서 '아, 이것은 궁극적인 진리에 도달한 것이 아
니구나' 라는 판단을 하시고 그 사람들 곁을 떠납니다.
그 다음에는 고행을 하셨습니다. 엄청나게 고행을 많이
하셨습니다. '설산 6년 고행' 이라는 말이 있습니다.
부처님이 29세에 출가하셔서 35세에 성도하시기까지의
기간이 6년입니다. 그런데 그 6년의 기간을 거의 전부
고행을 하셨다고 볼 수 있을 정도로 많은 고행을 하신
겁니다.

　호흡을 줄이는 수행을 하셨는데 어떤 때는 긴 시간 동
안 호흡을 멈추는 수행도 하셨다고 합니다. 물론 음식의
양도 줄이고 때때로는 단식 수행도 하셨습니다. 너무 긴
시간 동안 호흡을 멈추었더니 나중에는 심장의 고동도
멈췄다고 합니다. 그리고 귀에서는 폭탄이 터지는 듯한
폭음이 들리더라 라고 설하고 계신 겁니다. 심장의 고동
이 멈춘다면 죽는 것입니다. 고행하시다가 거의 죽었다
는 말이 되겠습니다. 그러니까 가까스로 살아나신 것입
니다.

　그렇게 고행을 해 보았지만, 목숨이 끊어질 만한 고행

을 해 보았지만, '궁극적인 진리'에 대한 깨달음이 저
절로 일어나지는 않더라는 것입니다. 그래서 고행을 버
리시고 붓다가야의 보리수나무 아래에 조용히 앉아서
독자적인 사색에 잠겨서 드디어 깨치셨다는 겁니다.

그 깨친 것이 무엇이겠습니까. 아까 말했듯이 '인간
의 현실 세계에 있는 모든 현상을 가장 마땅한 도리로
설명할 수 있는 진리'를 궁극적으로 깨치신 것입니다.
깨치신 뒤에 세상에 나와서 설한 것이 바로 아함경의 교
설이고 대승경의 교설입니다. 이것이 바로 불교의 가장
기본적인 특징입니다.

2. 스스로 깨닫게 하는 가르침

이때에 부처님이 세상에 나와서 깨달으신 법을 대중
들에게 설하시고자 하면서 또 한번 문제에 부딪칩니다.
아함경에는 그 모습이 참 생생하게 그려지고 있습니다.

나도 이제 세상에 나가서 사람들을 가르치고자 한다.
그런데 나도 다른 종교처럼 "내가 하늘의 계시(啓示)를
받았노라", "내가 궁극적인 진리를 깨쳤노라" 이런
절대적인 권위를 내세우고 "너희들은 다만 내 말을 믿

을지어다", "내가 진리요, 내가 길이니라", 이렇게 가르칠 것인가.

그렇지 않으면 다른 사람들로 하여금 나와 똑 같은 길을 걸어가서 그 궁극적인 진리를 각자가 깨닫게끔 해야 될 것인가. 이 두 가지 갈림길에서 고민하게 되신 것입니다. 부처님은 그때 후자의 길을 택하신 겁니다.

만일 부처님도 세상에 나가서 "너희들은 다만 내말을 믿을지어다" 이렇게만 설하셨다면 어떻게 되었을까요. 또 하나의 해결되지 않는 문제를 그 당시 사회에 던져놓고 말았을 것입니다. 궁극적 진리는 우리가 인식할 수 없는 세계입니다. 그러한 세계에 대한 이야기를 아무리 해봐야 우리가 할 수 있는 길은 믿는 길 밖에 없습니다. 믿는다는 것은 확인이 안 된다는 것이고, 확인이 안 된다는 것은 믿음이 아무리 강해도 계속 끊임없는 회의가 따라간다는 것입니다. 그래서 의심스러우니까 믿는다는 말까지 나오게 되는 겁니다.

"우리 인간들이 무엇을 아느냐. 하나님의 일을 어떻게 우리 인간들이 아느냐. 인간은 피조물에 불과하니까 하나님을 주(主)로 받들고 종(從)으로 살아갈 따름이다." 이렇게 생각하면서 인간의 이성(理性)을 죽이는 길

밖에 없는 것입니다.

부처님이 만일 그러한 길을 택하셨다면 불교도 다른 종교와 똑같은 권위적인 종교가 되고 말았을 겁니다. 그러나 부처님은 그런 권위적인 종교를 또 하나 만들려고 하신 것은 아니었습니다.

부처님은 여러 가지 종교적인 방황 속에서 도대체 이 문제를 어떻게 해결해야 될 것인가 라는 것에 대하여 젊은 날의 고민을 겪으시고 출가하신 분입니다. 그런 분이 자기가 깨쳤다고 해서 다시 그런 권위적이고 확인할 수 없는 가르침을 편다고 하면 말이 안 되는 겁니다. 그래서 부처님은 그 길을 택하시지 않고, "다른 사람에게 나와 똑같은 깨달음을 얻게 해야 되겠다" 라는 입장을 취하시게 되는 겁니다.

이게 저는 「고타마 붓다」께서 세상에 나오게 된 가장 큰 의미라고 봅니다. 그렇기 때문에 우리들은 초파일을 가장 성대하게 맞이해야 되는 것입니다. 또 그렇기 때문에 우리들이 자랑스럽게 불법을 세상에 전도할 사명감을 갖게 되는 것입니다.

부처님이 가르치신 길은 궁극적인 진리로부터 현실세계로 내려오는 그런 길이 아닙니다. 그와 정반대로 우리들이 살고 있는 이 괴로운, 이 덧없는, 이 죄악의 사회를 먼저 똑바로 응시하도록 합니다. 그렇게 해서 그런 인생과 세계가 왜 있게 되는가 라는 문제를 스스로 생각하게 하는 것입니다. 그래서 점점 사람들의 능력을 성숙시켜 마침내 궁극적인 진리를 깨닫게끔 하는 것입니다. 어린 아이를 잘 길러서 어른이 되었을 때 가산(家産)을 맡기는 그러한 방법을 택하신 겁니다. 이것을 불교에서는 방편시설(方便施設)이라고 부르고 있습니다.

3. 자유의지와 12처설

이러한 입장에서 '먼저 현실을 있는 그대로 잘 살펴보라' 라고 가르치는 것이 아함경의 가장 중요한 교설인 '12처설(十二處說)'입니다. 그리고 그것은 아함경에서 가장 큰 비중을 차지하고 있는 가르침입니다.

아함경에 보면 "현실세계는 괴로움이요, 덧없음이며, 그것은 나가 아니다." 라는 것을 수없이 강조하고 있습니다. 불교에서는 우리들이 살고 있는 세계를 '일체(一切)'라는 말로 표현하고 있습니다. 그러한 일체의 인간과 세계는 무엇으로 이루어졌느냐 라는 질문에 대하여 쉽게 대답하기가 어렵습니다.

하지만 부처님은 쉽게 말씀하셨습니다. "인간이란 눈·귀·코·혀·몸·마음으로 되어 있느니라" 라고만 하셨습니다. 그리고 우리를 둘러싸고 있는 세계는 무엇이냐 라고 했을 때에는 "그것은 눈·귀·코·혀·몸·마음으로 인식하는, 색·소리·냄새·맛·촉감·법이니라" 라고만 하신 겁니다.

우리들이 살고 있는 세계는 그 '열두 가지' 이외에 또 무엇이 있겠습니까. 이렇게 가장 기본적인 문제부터 부처님은 이야기 하고 나가십니다. 결국 인간은 여섯 가지 감관으로 구성되었다는 것이고, 그런 인간이 있음으로 여섯 가지 대상의 세계가 있게 되는 것입니다. 결국 세계라는 것은 '여섯 가지 감관 기관[六根]'과 '여섯 가지 인식 대상[六境]'으로 이루어진 '일체 세간'을 말하는 것입니다. 이것이 바로 불교의 유명한 12처설(十二處說) 입니다.

'일체는 열두 가지에 들어가 버리더라.' 라는 것입니다. 그래서 또 '일체는 이러한 열두 가지에서 나오는 것이다' 라고도 말할 수 있게 되는 겁니다. 이것을 모든 논의의 출발점으로 삼고 전제로 삼는 것입니다. 열두 가지 중에서도 중심을 이루고 있는 것은 눈·귀·코·혀·몸·마음의 여섯 가지 감각 기관[육근 六根]으로 구성되어 있는 인간입니다. 그런데 여기서 주목해야 할 것은 그러한 인간의 주체를 '마음[manas]'이라고 보고 있다는 것입니다. 여기서 마음이란 의지(意志)를 중심으로 정의되는 개념입니다.

그리고 다음으로 주목해야 할 것은 인간을 감싸고 있는 세간이 마음의 대상으로 드러날 때에는 '법[dharma]'이라고 보고 있다는 겁니다. 십이처설에서 우리들이 가장 중요시해야 될 점이 바로 그것입니다. 인간을 '의지적 존재'로 규정하고 계신다는 겁니다. 그리고 그 대상을 '의지가 없는 법'으로 보고 계신다는 겁니다. 불교에서 말하는 '법'이라는 대상의 가장 기본적인 의미는 '의지가 없는 것들', 즉 '자연물'을 가리키는 것입니다.

그런데 부처님은 왜 이런 입장을 처음부터 부각하셨을까요. 삼종외도설에서는 인간의 자유의지를 설명하기가 힘들었기 때문입니다. 선업을 짓든 악업을 짓든 인간의 죄악의 책임 문제가 잘 풀리지 않는다는 것입니다. 또 인간이 잘 살려고 하는 노력, 욕심 등이 잘 해명되지 않는다는 것입니다. 그런 문제가 삼종외도설을 비판하는 가장 중요한 포인트였습니다.

부처님은 일체가 무어냐 했을 때 "열두 가지에 들어간다" 라고 하십니다. 그리고 그 중에 인간의 주체는 바로 '자유 의지' 이니라 라고 설하시는 겁니다. 그리고 그런 자유 의지를 주체로 하는 인간을 둘러싸고 있는 일체 세간은 바로 '의지가 없는 법' 이라고 설하신 것입니다. 이게 불교에서 가장 기본적인 세계관이요, 인생관이 되는 것입니다.

우리 인간에게 자유의지가 왜 있게 되는가는 지금 문제 삼을 필요가 없는 것입니다. 자유 의지가 우리에게 있다는 것만은 분명한 사실입니다. 그러니까 불교는 그 '분명하게 있다는 것' 에서 시작하는 겁니다. 거기서부터 모든 것을 찾아가는 겁니다.

'자유의지가 인간에게 왜 있게 되었는가' 라는 문제는 궁극적인 진리가 풀리면 다 풀리는 문제입니다. 그것은 나중에 깨치면 알게 될 문제인 것이지 출발의 전제가 되는 것이 아닙니다. 출발의 전제는 어쨌든 '나에게 자유의지가 있다' 라는 것뿐입니다.

불교는 자유의지가 인간에게 있다는 것에서 부터 시

작하는 것입니다. 따라서 불교 교설은 삼종외도설이 범했던 '도덕적 책임의 문제'와 '자율적인 노력의 문제'에 대한 잘못에서 멀리 떠나게 되는 것입니다.

그리고 인간의 자유의지가 대상에 작용하게 되면 대상은 인간의 작용에 상응하는 반응을 반드시 보인다는 입장입니다. 이것은 당시의 브라마니즘의 세계관과 비교하면 정말로 코페르니쿠스적인 변화를 하고 있는 것입니다.

하나님이건, 브라흐만이건 그 근원을 따져 들어가면 인간을 지배한다는 존재들은 인간을 감싸고 있는 자연환경에서 추상화된 것들입니다. 자연환경에서 인간을 지배하는 커다란 힘을 가진 것들, 태양, 비, 바람, 벼락, 이러한 것들을 신격화하고 추상화한 것이 베다에 등장하는 신들이기 때문입니다. 그래서 이런 존재들을 자연신이라고 합니다. 자연의 지배력을 신격화한 것이 이런 신들입니다.

'인간'과 '인간을 둘러싸고 있는 환경'의 관계를 볼 때, 자연이 인간을 지배한다는 입장에 서 있는 것입니다. 그런데 부처님이 제시한 12처설은 정반대의 입장에 서는 것입니다. 인간이 '자유 의지(自由意志)'를 가지고 있다는 것입니다. 자유 의지란 지배력을 말하는 것입니다. 그런 인간이 그 대상인 자연을 지배하고 있다는 것입니다. 자연은 '의지가 없는 존재'이므로 지배당하는 존재가 되는 것입니다. 그런 기본적인 입장을 밝히고 있는 것이 12처설입니다. 특히 12처설에서 '의(意)'와 '법(法)'이라는 용어에서 이러한 관계를 암묵적으로 제시한 것입니다.

4. 점차로 깊어지는 가르침

불교는 다른 종교와는 달리 대단히 특이한 점이 둘이 있습니다. 첫째는 부처님의 교설 방법이 특이합니다. 부처님이 사람들에게 가르쳐 설하시는 방법이 대단히 특이하다는 것입니다. 부처님은 궁극적인 진리로부터 현실의 세계를 설명해 내려오시는 것이 아니라, 현실세계를 바르게 관찰해서 현상 세계를 일으키는 보다 근원적인 진리를 각자 깨닫게끔 하신다는 겁니다.

그것은 부처님이 스스로 걸어 가셨던 길입니다. 저희들도 그러한 길을 걸어야만 인간의 모든 괴로움을 근본적으로 해결할 수 있다는 겁니다. 종교들이 난립해 있는 사회에서 종교적인 방황을 종식시키고 종교의 대립을 가장 민주적인 방법으로 해결할 수 있는 길은 이 길 밖에 없다는 입장을 제시하고 계신 겁니다. 이것이 다른 종교에서는 볼 수 없는 가장 두드러진 특징입니다.

다음에는 그 깨달으신 내용이 다른 종교와는 대단히 다르다는 것입니다. 그러나 불교교리에서 부처님이 깨달으신 내용이 구체적으로 무엇이냐 하는 것은 나타나지 않습니다. 모든 사람에게 스스로 깨닫게 하신 가르침 속에 그 깨달음의 내용이 말로 표시되지 않을 것은 당연한 것입니다. 따라서 불교에서 말하는 '궁극적인 진리'는 항상 '깨달음'이라는 말 속에 묻혀 있는 것입니다.

깨달은 사람에게는 너무나도 명백한 사실이지만 깨닫지 않은 사람에게는 사실은 답답한 내용이 되는 것입니다. 따라서 깨달음의 내용이 무엇인가 하고 궁금증이 나는 사람은 부처님이 설한 그대로 닦아 갈 수 밖에 없습니다. 그와 같이 스스로 행하고 스스로 증득해야 하는 것이 우리 불자들의 길입니다.

그러나 부처님은 명확하게 그 길을 제시하셨습니다. 그런 길이 부처님의 가르침 속에서 중중무진(重重無盡)하게 전개되고 있는 것입니다. 그런 불자의 길에서 가장 처음 공부해야 될 법문이 무엇인가를 이미 말씀드렸습니다.

우리들이 살고 있는 세계, 이것을 불교에서는 '일체(一切)' 또는 '모든 것'이라고 표현하고 있는 것입니다. "모든 것은 열두 가지에 다 들어가느니라." 이렇게 아함경에는 수 없이 되풀이 되고 있습니다. 그리고 그것을 12처설이라고 합니다.

결국 현상 세계의 '모든 것'은 '여섯 가지 감관[六根]'과 '여섯 가지 인식 대상[六境]' 속에 다 포섭이 되는 것입니다. 그 외에 현실세계에서 12처에 들어가지 않는 다른 것이 있는가를 찾아보라고 부처님은 말씀하십니다. 열두 가지에 다 들어간다는 것입니다.

그러한 12가지 속에서 우리가 주목해야 될 것은 육입처(六入處)의 마지막에 '의지(意志)'라는 것을 포함시켰다는 것입니다. "자유로운 의지가 인간에게는 있는 것이다"라는 전제에서 불교는 시작하는 겁니다.

어쨌든 처음으로 종교적인 길, 또는 불교의 길에 들어서는 사람은 일단 "모든 것은 열두 가지에 들어가는 것이다"라는 것을 전제로서 받아들여야 할 것입니다. 그

중에서 육근의 주체를 '자유로운 의지를 가진 자'로 규정하고 있다는 것도 받아들여야 합니다.

그리고 그 대상은 작용을 받으면 그것에 반응을 보이는 개념으로서 '법'이라고 규정되어 있습니다. 법(法)이라는 말의 가장 기본적인 개념은 '의지가 없는 것', '필연적인 반응을 보이는 것', '자연물' 등의 뜻을 나타내는 것입니다.

그 다음에 부처님은 조금 더 나아가서 "그러한 열두 가지는 모두가 덧없는 것이니라", 이렇게 저희들에게 가르치십니다. 불교교리는 치밀하게 조금씩 조금씩 깊어지는 것입니다.

일단 "12가지를 보라" 하신 다음에, 그 "12가지는 모두가 덧없는 것이다" 라고 하십니다. 왜 덧없는 것이냐? 나고, 조금 머물다가, 달라지고, 그 다음에 없어져 버린다 라는 겁니다. 이른바 생주이멸(生住異滅)하고 있다는 것입니다. 생했다가 주했다가 달라졌다가 멸해버린다 라는 겁니다. 그러니까 '그것은 덧없는 것이다' 라는 겁니다.

부처님은 저희들에게 세상을 이렇게 보라고 가르치시는 것입니다. 우리 인간을 중심으로 보면 태어나고, 늙고, 병이 들고, 죽게 되는 것입니다. 인간을 중심으로 보면 '생노병사(生老病死)'라는 것이고, 사물을 중심으로 보면 '생주이멸(生住異滅)'이라는 것입니다. 더 크게 말한다면 일체를 포함하는 우주라는 것도 '성주괴공(成住壞空)'의 과정을 계속 되풀이해 나가고 있는 것입니다.

따라서 일단 "모든 것은 덧없나니라" 이렇게 보라고 강조하고 계십니다. 왜 덧없는 것이냐 하는 것은 아직 문제로 삼을 필요가 없습니다. 일단 현상세계를 볼 때 모든 것이 덧없다는 것은 너무나도 자명한 일입니다. 이것은 측량할 필요가 없는 일입니다.

여기에 있는 우리들은 태어났습니다. 이 중에 젊은 사람도 있습니다만 곧 늙어갈 것입니다. 늙어가면 곧 병이 들고, 병이 들면 죽게 되는 것입니다. 이것은 너무나도 자명한 일이어서 증명할 필요가 없는 것입니다.

그런데 부처님은 이것을 여실히 보라, 이렇게 가르치고 계신 것입니다. 사실은 우리들이 그렇게 자명한 사실을 까마득하게 잊고 있기 때문입니다. 생주이멸하고, 생로병사하는 존재를 우리들은 그렇게 이해하고 있지 않습니다. 영원한 것으로 보고 있다는 것입니다. 무상한 것인데도 영원한 것으로 보고 있다는 것입니다.

이러한 무지를 깨우치고자 "모든 것은 덧없다" 라는 것을 대단히 강조하신 것입니다. 아함경에서 보면 그러한 말이 수 없이 되풀이 되고 있는 것입니다. 그 다음에 부처님은 모든 것이 무상하다고 하면, 무상한 것은 즐거움이라고 볼 수 없다는 겁니다. 그것은 괴로움이라고 봐야 한다는 겁니다. 무상한 것은 곧 괴로움이다, 이렇게 아함경에는 수없이 되풀이 되어 있습니다.

"무상한 것은 괴로운 것이니라 " 라는 가르침에 대하여 "도대체 무엇이 그렇게 괴롭습니까 ", 이렇게 물어 보니까 부처님은 아함경에서 다음과 같이 대답하고 계십니다. "생하는 것이 괴로움이고, 늙는 것이 괴로움이고, 병드는 것이 괴로움이요, 죽는 것이 괴로움이다. 사랑하는 사람과 헤어지는 것이 괴롭고, 미운 사람과 만나는 것이 괴롭고, 아무리 얻으려고 해도 얻어지지 않는 것이 괴롭다. 한마디로 말하면 인간 존재 그 자체가 괴롭더라"

인간은 존재 자체가 구조적으로 괴로움이라는 것입니다. 왜 구조적으로 괴로운 것이냐 하는 말은 조금 더 공부해야 이해할 수 있습니다. 그러나 어쨌든 일단 인간 존재는 구조적으로 괴로움이라는 겁니다. 이것을 불교 교리에서는 오성음고(五盛陰苦)라고 표현하고 있는 것입니다.

이것을 좀 더 정확하게 말하면 "인간존재를 구성하는 다섯 가지 근간적인 요소가 있는데 바로 그 요소의 성격이 괴로운 것이니라" 라고 표현하신 것입니다. 그래서 통틀어서 이것을 여덟 가지 괴로움이다, 팔고(八苦)다 라고 말하는 겁니다.

제4부 : 삼법인과 업설 이야기

1. 삼법인으로 세상보기

　지금까지 말한 것을 요약해 보면, 일단 불교는 모든 것을 덧없다고 봐야 합니다. 다음에 덧없는 것은 괴로운 것이라고 봐야 합니다. 그랬을 때 사람들은 부처님의 말씀을 받아들이기가 대단히 어려워지는 것입니다.

　'왜 부처님은 세상을 그렇게 부정적으로 비관하고 계실까', '왜 우리들에게 그렇게 비관적인 세계관을 갖도록 가르치실까' 하고 생각하지 않을 사람이 별로 없을 겁니다. 누구나 다 그렇습니다. 또 불교를 비난하는 사람들이 제일 먼저 드는 문제점도 바로 그것입니다.

　'왜 불교에서는 모든 것이 허무적멸(虛無寂滅)하다고 설하는 것일까', '왜 모든 것이 덧없다고 설하는가', '좀 더 적극적으로 인간 생활을 긍정하는 인생관을 제시하지 못하고 왜 모든 것이 덧없고 괴롭다고만 가르치

는가', 이렇게 의아해하는 사람들이 상당히 많이 있습
니다.

그런데 그런 비판은 부처님 당시에도 있었습니다. 아
함경에 보면 부처님을 찾아가 직접 그것을 항의하는 사
람들이 있는 것입니다.

"부처님은 왜 모든 것을 괴롭다고 보십니까. 제가 볼
때는 세상에 태어났으니 즐겁고, 늙지 않고 젊었으니 즐
겁고, 병들지 않고 건강하니 즐겁습니다. 또 죽지 않고
살았으니 얼마나 즐겁습니까. 사랑하는 사람과 만났으
니 즐겁고, 미운 사람과 헤어졌으니 즐겁습니다. 그리고
그렇게 벌기 힘든 돈을 벌었으니 얼마나 행복합니까. 우
리들이 보기에 따라서 이 세상을 얼마든지 즐거운 것으
로 볼 수 있지 않습니까. 그런데 왜 부처님은 그렇게 괴
로운 측면만 보시고 저희들에게 그것을 가르치십니
까?"

그때 부처님이 그 사람에게 무엇이라고 대답했을까요.
아함경에는 정말로 감동스럽게 대답하고 계신 것을 볼
수 있습니다. "당신은 참 어리석은 사람이다. 나 역시
젊은 건강과 청춘이 좋은 것을 모르는 것은 아니다. 인
간의 생명이 영원하다고 하면 나 또한 얼마나 기쁘겠느

냐. 그러나 그 청춘이라는 것이 얼마나 오래 가더냐. 인
간의 건강이, 인간의 부귀영화가 얼마나 오래가더냐. 사
랑이 즐겁다고 하지만 영원한 사랑이 어디 있더냐. 따라
서 모든 것이 덧없으며, 덧없는 것은 괴로운 것이라고
말할 수밖에 없는 것이다."

그 다음에 부처님은 결론적으로 "모든 것이 덧없고
괴로운 것이라면 그것은 나라고 할 수 없지 않겠냐"라
고 말씀하고 계신 겁니다. 우리들이 나라고 하는 것은
내가 어머니께서 태어날 때도 나고, 지금도 나고, 죽어
갈 때도 나인 것입니다. 그 '나'라는 것은 '한결같은
것[常一]'이어야 합니다. 나라는 것은 항상 동일한 존재
여야 하는 것입니다. 그것은 불변이어야 하며 영원성을
띠어야 되는 것입니다. 이것을 '상일성(常一性)'이라
고 합니다.

또 나라는 것은 '내가 마음대로 할 수 있는 성질'을
띠어야 합니다. 이렇게 하고 싶으면 이렇게 할 수 있고,
저렇게 하고 싶으면 저렇게 할 수 있는 것이 바로 나인
것입니다. 이것을 '주재성(主宰性)'이라고 합니다.

나의 집이면 그 집은 내가 마음대로 할 수 있습니다.
남의 집이면 내가 마음대로 할 수가 없습니다. 남의 집

에 전세를 살아보면 자기 집이 아니니까 마음대로 해서
는 안되는 겁니다. 답답한 겁니다. 그래서 전세방에 사
는 사람들이 전세방 탈출 작전을 하는 것입니다. 오두막
이더라도 자기 집에 살아야만 마음이 편한 겁니다.

자기 것이 아니면 왜 그리 괴로울까요. 마음대로 안
되기 때문입니다. 괴롭다는 말은 내 마음대로 안 된다는
말입니다. 내 마음대로 안 된다면 그것을 나라고 볼 수
없는 것입니다.

따라서 모든 것이 덧없고 영원한 것이 아니므로, 그것
은 괴로움이며, 내 마음대로 할 수 없는 것이니까 나라
고 할 수 없는 것입니다. 이것이 명백한 사실인 것입니
다. 그래서 불교에서는 이것을 세 가지 두드러진 특징,
즉 '삼법인(三法印)'이라고 말하는 것입니다.

아함경에서 가장 기초적인 법문으로, 부처님이 가장
강조하셨던 법문은 바로 이것입니다. "모든 것은 열두
가지에 들어간다. 그 열두 가지는 다 덧없는 것이요, 덧
없는 것은 괴로운 것이요, 괴로운 것은 나라고 할 수 없
는 것이다."

이것이 불교를 공부하는 사람이 '세계를 어떻게 봐
야 될 것인가', '인생을 어떻게 봐야 될 것인가',

'우리 주변을 어떻게 봐야 될 것인가'에 대한 해답을 주시는 가르침입니다. 이것은 곧 '봄(見, darśyana)'의 문제인 것입니다.

인도에서는 철학을 '다르샤나(darśyana)'라고 합니다. 다르샤나라는 말은 아주 쉬운 말입니다. 철학은 서양 사람들의 말로 하면 '필로소피(philosophy)'입니다. 애지(愛智), 즉 '지혜를 사랑한다'라는 뜻이 됩니다.

인도사람들이 말하는 다르샤나라는 말은 철학이라는 말에 해당합니다. 이것은 대단히 쉬운 말입니다. 그냥 '봄(見)'이라는 뜻입니다. 우리들이 세상을 어떻게 보느냐의 문제입니다.

불교도 일종의 '봄'입니다. '세상을 어떻게 봐야 되느냐'라는 것이 문제인데, 가장 기본적인 불교적인 '봄'은 앞에서 말씀드린 대로 '십이처설'과 '삼법인설'로 구성되는 것입니다. 일체를 십이처로 분별해서 보게 되면, 십이처의 낱낱은 다 세 가지 두드러진 성격을 띠고 있는 것입니다.

부처님은 십이처와 삼법인의 가르침을 아함경에서 정말로 많이 되풀이 하고 계십니다. 아함경을 한 번 읽어보시면 실감이 나실 겁니다. 그런데 문제는 우리 범부 중생들이 그 사실을 듣고서 알면서도 그것을 받아들이지를 않는다는 겁니다.

아까도 말씀드렸습니다만 덧없는데도 영원한 것으로 생각해 버리는 겁니다. 가령 자기가 돈을 벌면 그 돈이 영원히 자기 돈인 줄 알고, 어떤 권리를 잡으면 그 권리가 영원히 자기 권리인 줄 알고 있습니다. 자기 몸뚱아리가 영원히 자기 몸인 줄 알고 있습니다.

절대로 덧없다는 것을 받아들이려고 하지를 않습니다. 그래서 완전히 정반대로 생각하고 있는 것입니다. 괴로운 것인데도 억지로 즐거운 것으로 보려고만 하고 있습니다. 아파서 죽을 지경이 되어도 자기 몸은 그래도 좋다고 가꾸려고 하는 것입니다. 이것이 바로 중생심일 겁니다.

어쨌든 꼭 반대로 보는 겁니다. 괴로운 것을 즐거운 것으로 보고자 하는 것이 우리 중생들의 마음인 것입니다. 내가 아닌 것을 나라고 악착같이 생각하는 것입니다. 부처님의 눈으로 볼 때, 또 우리들이 객관적으로 생각해 볼 때 도저히 나라고 생각할 수 없는 것을 나라고 생각하고 있는 것입니다.

여기서 무엇을 나라고 하는 것인가 생각해 보세요. 지

금 여러분들이 '나, 나의 집, 나의 옷, 나의 눈, 나의
코' 라고 할텐데, 나라고 하는 그 나가 무엇인가 생각
해보세요. 그것은 덧없고 괴로운 것들입니다. 그러면 나
라고 할 수 없는 것입니다.

그런데 우리는 '나 아닌 것'을 '나'라고 생각하
고 있는 것입니다. 이렇게 '나 아닌 것을 나라고 생각
하는 것', 이것을 불교에서는 '아집(我執)'이라고 합
니다. 그리고 '나의 것이 아닌 것을 나의 것이라고 생
각하는 것', 이것을 '아소집(我所執)'이라고 합니다.

우리는 '나 아닌 것'을 '나'라고 집착하고 있고,
'나의 것이 아닌 것'을 '나의 것'이라고 집착하고
있는 것입니다. 결국은 정반대로 세상을 보고 있는 것입
니다. 부처님이 우리들에게 깨우치고 계시는 그런 세상
과는 정반대로 세상을 보고 있는 것입니다.

우리 중생들을 범부중생이라 하고, 무지한 중생이라
고 합니다. 우리 중생들이 왜 무지한 범부 중생이냐 하
면, 우선 이 '세 가지[三法印]'를 똑똑하게 의식하지
못하고 그것을 받아들이지 않기 때문입니다. 부처님의
눈으로 볼 때 그것을 무지한 범부 중생이다 라고 말하는
것입니다.

2. 아집의 발생 구조

나 아닌 것을 나라고 집착하면 어떻게 될까요? 여기부터 불교의 가장 중요한 특징인 '인간의 가치 문제'를 다루게 되는 것입니다. 나라고 집착하게 되면 그렇게 집착된 것은 더 이상 무상한 것이 되어서는 안 될 것입니다. 무상한 것을 나라고 집착하면 집착된 대상에 억지로라도 영원성을 부여하려는 노력을 할 수 밖에 없는 것입니다.

자기 주변에 변화가 오게 되면 자기가 집착하고 있는 대상은 그 변화에 따라서 같이 변하려고 할 것입니다. 본래 무상한 것이니까요. 그러나 그렇게 변하도록 내버려 둘 수 없는 것입니다. 왜냐하면 나라고 집착하고 있는 대상이니까요. 따라서 그 아집과 변화하려고 하는 두 성질이 미묘하게 갈등을 빚게 되는 것이 인간 존재인 것입니다.

우리의 몸은 주변조건에 따라서 자꾸만 시시각각으로 변하려 하고 있습니다. 그러나 그런 변화를 허용할 수 없는 것이 아집입니다. 따라서 우리들의 정신적인 기능으로서의 아집은 그런 변화를 허용하지 못합니다. 만일 변화를 허용했다가는 아집이 부서져 버립니다. 그러니까 악착같이 그것을 집착하는 것입니다.

집착하면 집착할수록 변하려고 하는 힘도 커지니까 그 두 힘이 서로 갈등을 빚게 됩니다. 그 갈등을 불교에서는 괴로움이라고 말합니다. 괴로움이 구조적으로 일어나게 되어 있다는 것은 바로 이것을 말합니다. 아집이 있으면 필연적으로 괴로움이 일어나게 되어 있는 것입니다.

모든 것은 덧없기 때문에 변하다가 나중에 없어집니다. 우리 몸도 본래 그렇게 되어 있는 것입니다. 우리들의 육체적인 바탕은 계속 주변 조건에 따라서 변하게 되어 있는 겁니다.

지금 추우니까 저도 이렇게 두툼한 옷을 입고 왔습니다. 날씨가 추워졌다 하면 우리 몸도 얼어 버리려고 하는 겁니다. 영도 이하로 내려가면 우리 몸도 얼게 됩니다. 그런데 그렇게 얼려고 하는 변화를 허용할 수 없는 일입니다. '나'라는 집착이 행해지고 있는 한은 얼어서는 안 되는 것입니다.

지금 37도의 체온을 가진 나를 '나'라고 집착하고

있는 상태입니다. 따라서 그 체온이 유지돼야 합니다. 그렇지 않으면 우리 몸은 부서지고 맙니다. 그러니까 우리 몸은 덧없이 변하려고 하지만 우리의 아집은 그 변화를 허용할 수 없는 것입니다.

그래서 변화하려고 하는 작용과 변화를 허용할 수 없는 아집이 서로 팽팽히 맞서는 것입니다. 그것은 괴로움이 아닐 수 없습니다. 변하려고 하는 것을 변하지 못하게 억지로 고집하고 있는 것입니다. 그래서 이러한 아집은 필연적으로 괴로움을 수반하게 된다고 보지 않을 수가 없는 것입니다.

이것이 '불교적인 인간의 구조 해명'입니다. 아주 간단한 것이지만 이렇게 해명해 나가는 것입니다. 변화하려고 하는 것이 아집 때문에 변화할 수 없다는 겁니다. 변화하려고 하는 성질과 변화를 허용할 수 없는 성질이 평형상태를 이루고 있는 것입니다. 그러다가 변화하려고 하는 힘이 더 커져서 아집의 힘이 진다면 변화가 수행되고 마는 것입니다.

그것이 우리들의 늙음이고, 병듦이고, 마침내는 죽음입니다. 따라서 아집을 가지고 있는 존재는 그 '아(我)'를 유지하려고 무던히 노력하게 되어 있습니다. 그런 노력이 어느 한계에 부딪쳐서 감당할 수 없게 되면 부서지고 마는데 그것이 우리 인간의 실존입니다. 그것이 바로 덧없는 현상입니다.

그래서 '모든 것은 덧없고, 덧없는 것은 괴로움이요, 괴로운 것은 나라고 할 수 없다' 라고 불교에서 말하는 겁니다. 그런데도 사람들은 그러한 것을 나라고 집착하고 있습니다. 그런 집착이 있으면 그런 집착으로 말미암아 우리에게 괴로움이 생기는 것이고 괴로움을 감당할 수 없을 때 덧없게 사라지고 마는 것입니다.

어렸을 때 선생님의 말씀을 안 들으면 의자를 들고 한쪽에 서 있으라고 합니다. 처음에는 이까짓 의자 하나 못 들어 하고 듭니다. 하지만 조금 지나면 점점 더 무거워집니다. 눈물이 줄줄 나게 됩니다.

선생님은 내리라는 말을 안 합니다. 손을 내렸다가는 선생님한테 혼나니까, 그냥 들고 있어야 됩니다. 나중에는 손이 막 부들부들 떨립니다. 떨다가 나중에 어떻게 됩니까. 그냥 들고 있다가 의자를 땅에 떨어뜨리고 맙니다. 그게 바로 인간이라는 겁니다.

의자는 계속 떨어지려고 하고 있습니다. 변하려고 하는 겁니다. 그러나 의자를 들고 있는 우리들의 아집은 그것을 허용할 수 없습니다. 따라서 점점 괴로워집니다. 그러다가 감당할 수 없을 때 의자는 땅에 떨어지는 것입니다. 이것이 바로 인간들의 늙음이요, 병듦이요, 죽음이라는 것입니다, 그러니까 결국은 덧없는 것입니다.

이렇게 부처님은 대단히 소박한 교리이지만, 왜 인간에게 괴로움이 있게 되는가를 우리들이 납득할 만큼 쉽게 설명해 주고 계신 것입니다. 아함경에 설해지고 있는 교리는 대승경에서 설해지고 있는 복잡한 용어들이 없습니다. 대단히 소박한 교리를 통해서 우리를 깨우쳐 나가는 것입니다. '삼법인설과 아집의 작용 문제' 같은 것은 여러분들도 이제 제 이야기를 들으니까 그렇구나 하는 생각이 들 것입니다. 바로 그런 것이 아함의 교설입니다.

그런 공부를 하고 싶은 사람들이 아함경을 읽어야 합니다. 어느 종교를 봐도 '나'의 문제를 불교처럼 많이 다루고 있는 종교는 없습니다. 계속 이 나의 문제를 제기하면서, 나를 부정하라고 말하고 있습니다. 부처님은 왜 '나'를 부정하고 계시는가. 아까 말했듯이 그것이 나가 아니기 때문입니다.

앞으로 참다운 나가 무엇이냐는 새롭게 찾아야 할 겁

니다. 삼법인설을 거꾸로 이야기해 보면, "그것을 나라고 집착하니까 괴로움이 생기고, 괴로움이 생기니까 결국은 덧없게 사라진다" 라는 구조로 이야기를 바꿀 수 있습니다. 이와 같이 삼법인설을 거꾸로 하는 이야기도 아함경에 많이 나옵니다.

삼법인설을 순서대로 이야기하면 "일체는 덧없고, 덧없는 것은 괴로움이요, 괴로운 것은 나라고 할 수 없나니라" 라는 구조가 됩니다. 이런 구조로 이야기하는 경전이 많이 나옵니다. 또 이야기를 뒤집어서, "나라는 것에 집착하는 것이 있기 때문에 괴로움이 생기고, 괴롭기 때문에 결국은 내가 어찌지 못하는 극한 상황에 이르게 되는 것이니라" 라는 구조로 된 경전도 아함경에서 살펴볼 수 있는 것입니다.

3. 업의 발생 구조

아집을 일으킨 중생들이 그 다음에 어떻게 행동을 하게 될지를 우리들이 생각해 봐야 됩니다. 아집을 일으키게 되면 괴로움이 발생합니다. 그 괴로움을 가만히 두면 죽고 말테니까 죽지 않기 위해서 중생들은 괴로움을 될 수 있으면 덜려고 노력하게 되는 것입니다. 어떻게 해서라도 괴로움을 해소하려는 행동을 일으킵니다. 그러한 행동을 불교에서는 '업(業)'이라고 말합니다.

불교에서 사용하는 '업'이라는 말은 인도말로는 카르마(Karma)라고 하는데 '일'이라는 뜻입니다. '일'을 일으키게 되고, '행동'을 일으키게 된다는 겁니다. 그러한 행동은 밖으로 어떤 작용을 할까요. 자기에게 변화를 주고자 하는 조건들을 제거하고 자기에게 편안함을 주는 대상들을 모아 옵니다. 다시 말하면 자기의 현상 유지에 가장 좋은 조건을 제공하는 대상들을 자기 주변으로 모아 오는 것입니다.

자기에게 괴로움을 주는 것을 밀어내고, 자기의 괴로움을 덜어주고 즐거움을 자기에게 주는 것을 끌어옵니다. '괴로움을 준다', '즐거움을 준다'라는 것은 아집을 지속해 나가는데 '편하지 못한 조건'과 '편한 조건'을 말합니다. 그래서 중생들은 자기 몸의 편안함을 위해서 밖으로 작용을 하게 됩니다. 밖으로 작용을 가해서 괴로움을 주는 조건 또는 대상은 전부 제거해 버립니다. 그리고 즐거움을 주는 조건만을 끌어 모으는 겁니다.

이게 우리 인생들의 활동(업)입니다. 인간의 활동을
가만히 보십시오. 그 외에 다른 활동이 뭐가 있습니까.
무엇을 위해서 아침에 숨 막히는 만원 버스를 타고 직장
에 갑니까. 돈 벌려고 그러겠죠. 돈을 벌지 않으면 연탄
을 살 수 도 없으니까 괴로움을 참으면서라도 억지로 일
하는 것입니다.

조금 더 큰 편안함을 추구하기 위해서 중생들은 백방
으로 노력합니다. 자기 몸을 어떻게 해서라도 조금 더
편안하게 할 수 있는 업을 일으키는 것입니다. 그러한
업을 일으키면 결과적으로 어떤 결과가 일어날까요.

인간들은 자기 의지를 가지고 있습니다. 그래서 자기
의 자유로운 의지를 마음껏 작용하면서 자기 주변에 대
해서 업을 일으켜 나가는 것입니다. 바깥으로 작용을 가
하는 것입니다. 그래서 자기에게 필요한 것과 자기에게
안락을 주는 조건을 확보하기 위해서 백방으로 노력하
게 됩니다.

이러한 업을 일으키게 되면 자연히 주변 조건의 반응
이 일어납니다. 육근(六根)이 활동하면 육경(六境)이 반응
을 보이는 것입니다. 육근이 '의지적인 작용'으로 업
을 일으켜서 자기 일신의 안락을 추구하게 되면 그러한

작용은 육경에 가해지게 되는 것입니다. 그러면 육경은 그러한 작용을 받아서 반드시 반응을 보이게 됩니다. 그 반응은 '필연적인 반응'이 되고 마는 것입니다.

왜 육경이 '필연적인 반응'을 보이게 될까요. 법이니까 그렇습니다. 12처설에서 육근의 주체는 '의지'라고 했습니다. 업을 일으킬 수 있기 때문입니다. 육경은 '법'이라고 했습니다. 법이라는 것은 '의지가 없는 것', '필연적인 것', '자연물'이라고 그랬습니다. 어떤 업이 작용하게 되면 '법'들은 자기 의지가 없으니까 '필연적인 반응'만을 보인다는 것입니다.

이 마이크가 기능이 대단히 좋습니다마는 제가 밀면 밀려가고 끌면 끌려 올 뿐입니다. 제가 시키는 대로만 합니다. 볼륨을 높이면 크게 소리가 나고 볼륨을 줄이면 소리가 줄어듭니다. 우리 인간들이 작용을 가하는 대로 그에 상응하는 필연적인 반응만을 보이는 것입니다.

업이 육경에 작용을 가하게 되면 육경은 의지가 없기 때문에 그 반응은 필연성을 띤다는 겁니다. 필연성을 띠기 때문에 그것을 '법'이라고 하는 것입니다. 태양, 구름, 바다, 태풍 등의 자연 현상은 우리 인간보다 월등한 큰 힘을 가진 것 같습니다만 그러한 것들은 의지가 없는 것입니다. 의지가 없기 때문에 중생이 조그마한 작용을 가하면 필연적인 반응을 보일 뿐입니다. 의지를 가진 것은 중생뿐입니다. 자연물은 어떠한 의지도 없이 그저 필연적인 반응만을 나타내는 것입니다.

지금 여기서 바늘 하나를 떨어뜨리면 그 업은 여기서 그냥 사라질 것 같지만 그렇지 않습니다. 그 바늘 하나가 이 책상을 때린 영향은 저 은하 끝까지 미치는 것입니다. 이렇게 해서 모든 중생들이 일으키는 업은 중중무진하게 영향을 미쳐나가는 것입니다.

커다란 태양이건, 바다건, 모든 중생들이 업력을 일으켜서 움직이는 것입니다. 그리고 중생들의 업력에 의해서 우주가 성주괴공하게 되는 것입니다. 업력이라는 것이 엄청나게 큰 힘을 작용합니다.

핵폭탄이 무서운 힘을 가지고 있습니다만, 그것도 다우리 인간들이 업으로 만들어 낸 것입니다. 그것이 아무리 큰 힘을 가지고 있다고 해도 가만히 두면 영원히 가만히 있는 것입니다.

누군가가 단추를 눌러야 터집니다. 그 단추를 누르는 힘은 아주 작은 힘입니다. 작은 힘으로 누르지만 결과적인 힘은 엄청나게 커지는 것입니다. 업이라는 것이 이와 같은 것입니다.

업이 원인으로 작용하면 반드시 그에 상응한 결과가 나타납니다. 그것을 '업인과보(業因果報)의 법칙' 이라고 합니다. 업인이 육경에 작용을 하게 되면 육경이 '필연적인 반응' 을 보이게 됩니다. 이것을 단순한 하나의 결과라고도 볼 수 있지만, 업의 대가라고도 볼 수 있는 것입니다. 그래서 그것을 과보라는 말로 표현하고 있는 것입니다. 그래서 모든 업인에는 반드시 그에 상응하는 과보가 있다고 말하는 것입니다.

그런데 곤란한 문제가 또 있습니다. 의지가 없는 자연물이면 '업인과보의 법칙' 이 어김없이 성립합니다만 그 대상 속에는 '의지를 가진 존재들' 도 있는 것입니다. 그래서 문제가 복잡해지는 겁니다.

지금 저는 A라는 사람입니다. 제 주변에는 마이크나 책상과 같이 의지가 없는 것들만 있는 것이 아닙니다. B, C, D, E 등 '의지를 가진 다른 중생들' 이 있다는 겁니다. 의지를 가진 중생에게 제가 작용을 가하면 그 반응은 어떠한 형태를 띠게 될까요. 이제 이것을 생각해 봐야 되는 겁니다.

자연물에 작용하는 것은 어김없이 반응을 보입니다.

그럴 때는 자연과학이 성립하는 겁니다. 그러나 의지를 가진 자가 다른 의지적 존재에게 작용을 가했을 때도 그런 반응이 기계적인 필연성을 띤다고 볼 수 있을까요. 대상이 되었던 중생도 자기 의지가 있으니까, 작용을 받았지만 자기가 하기 싫으면 반응을 안 할 수도 있는 겁니다. 물건 같으면 우리가 밀면 그 힘에 따라서 밀릴 테지만, 의지를 가지고 있는 자는 밀기는 왜 밀어하고 거꾸로 반항할 수도 있다는 겁니다.

뜻대로 잘 안 됩니다. 이게 문제가 되는 겁니다. 부처님은 이 문제를 깊게 살펴보신 겁니다. 불교의 교리라는 것이 참 치밀합니다. 그냥 막연한 이야기를 하는 것이 아닙니다. 항상 구체적으로 생각해 나가는 것입니다.

A라는 사람이 B라는 사람에게 작용을 가했을 때 B라는 사람의 반응이 기계적인 필연성을 보이지 않는다는 것은 분명한 사실입니다. B라는 사람은 자기의 의지에 따라서 반응을 보이게 되는데, 그 B라는 사람이 보일 반응의 성질을 한번 생각해 봅시다.

A라는 사람이 업을 일으키는 목적은 자기의 편안함을 위해서 입니다. 자기의 안락을 위해서, 자기가 편해지기 위해서 업을 일으키는 것입니다. 그런데 B라는 사람이

그러한 업의 작용을 받으면 자기도 생각해 보는 겁니다. 저 사람의 작용이 내게 도움이 되는 것인가 해로운 것인 가를 생각해 봅니다. 생각해 봐서 내게 더 편한 일이구 나 싶으면 따라갈 것입니다. 그러나 내게 불편함을 주거 나 괴로움을 준다면 안 따라갈 것입니다.

내게 편안함을 주느냐 안 주느냐를 생각하는 것입니 다. 따라서 '업의 발생 구조'가 명백해지는 것입니다. 내가 어떤 사람에게 내 뜻대로 일을 시키고자 하면서, 내 이익만 생각해서는 그 사람이 안 따라 온다는 겁니 다. 내 뜻대로 따라오게 하려면 어떻게 해야 되겠습니 까. 그 사람의 뜻까지도 같이 위해 주면 되는 겁니다.

A라는 사람이 업을 일으킬 때, B라는 사람과의 공동이 익을 생각해서 업을 일으킨다고 하면 그 사람이 따라올 것입니다. 그러나 자기의 이익만 위한다면 절대로 안 따 라옵니다. 오히려 그 사람이 "이 사람은 이기적이고 나 쁜 사람이다"라고 생각해서 이 사람에게 더 불편하거 나 불쾌한 반응을 돌려줄 것입니다.

업에는 두 가지가 있는 것입니다. 이기주의적으로 자 기의 안락만 위하는 업과 다른 사람의 안락까지 함께 위 하는 업이 있습니다. 자기 자신만의 이익을 위하는 업을 작용할 때는 상대방은 절대로 따라오지 않습니다. 따라오지 않을 뿐만 아니라 그런 업에 대해서 반대하게 됩니다. 반대하기 때문에 그 일은 이루어지지 않습니다. 뜻이 이루어지지 않습니다.

그러나 상대방의 이익까지도 함께 생각하는 업을 일으키게 되면 상대방이 흔연히 따라옵니다. 따라오기 때문에 두 사람의 힘이 공동 목표를 향해서 협력하게 됩니다. 그러면 그 일이 이루어집니다. 뜻을 이루게 되는 겁니다. 결과적으로 두 사람 다 편안해지는 것입니다.

4. 선업과 악업의 인과율

의지를 가진 자들 사이에 일어나는 업은 자기 이익만 위하느냐 두 사람 이익을 함께 위하느냐에 따라서 결과가 결정되는 것입니다. 그래서 불교에서는 자기 혼자만 위하는 업을 악업(惡業)이라고 부르는 것입니다. 그리고 남과 나의 이익을 함께 위하는 업을 선업(善業)이라고 부릅니다. 불교에서 선악(善惡)의 개념이 여기서부터 뚜렷해집니다.

'선과 악의 식별(識別)'에 대하여 다른 종교에서는

그것이 하느님의 뜻을 따르는 것이냐 아니냐로 간단하게 말하고 있습니다. 그러나 불교에서는 그렇지 않습니다. 업을 일으키는 사람의 생각이 자기만의 편안함과 이익을 위한 것이냐 또는 다른 사람의 편안함과 이익을 함께 위하는 것이냐, 그것으로 결정되는 것입니다.

선악의 기준은 각자의 마음에 달려 있는 것입니다. 불교에 의하면 선악의 기준은 자기의 생각에 따라서 식별되는 것입니다. 생각에 따라서 식별된다는 것은 그 사람이 자기중심적으로 세상을 보고 있느냐, 그렇지 않으면 다른 사람까지를 자기의 마음에 두고 있느냐로 판가름이 된다는 것입니다.

선업을 일으키면 다른 사람들이 그 일을 따르고 도와줄 것이기 때문에 그 일이 잘 이루어지고 좋은 결과가 따를 것입니다. 악업에는 계속 괴로움만 더 따라올 것입니다. 그래서 선업에는 선과(善果)라고도 하고, 즐거움이 오니까 낙과(樂果)가 따른다 라고도 합니다. 또 악업에는 고과(苦果)가 따른다고 말합니다. 이렇게 아함경에서 설하는 겁니다.

이렇게 된다고 하면 인간과 인간 사이에도 '업인과보(業因果報)의 법칙(法則)'은 성립합니다. 인간과 자연

물 사이에 일어나는 '자연 법칙적 인과율(因果律)'은
아니지만 인간과 인간 사이에도 선악이라는 개념을 통
해서 '하나의 법칙이 성립한다' 라고 말할 수 있겠죠.
이러한 법칙을 '윤리적인 법칙' 또는 '윤리적 인과
율' 이라고 말합니다. 업에는 '자연 법칙적 인과율'
과 '윤리적인 인과율' 이 따르게 되는 겁니다.

　법이라는 개념은 이 두 가지를 다 포섭하는 겁니다.
불교에서 말하는 법이라는 개념이 조금 더 넓어지는 겁
니다. 불교에 쓰이고 있는 술어는 공부가 깊어지면 깊어
질수록 점점 더 넓어집니다. 이 법이라는 개념이 나중에
는 '부처님의 교법' 이라는 의미로까지 쭉 확대되어
나가는 겁니다.

　부처님이 "일체는 열두 가지에 들어가느니라" 하는
'열두 가지' 에서 육근을 의지라고 말씀하시고, 육경
을 법이라고 하셨는데, 그 법은 이제 조금 더 뜻이 넓어
지게 됩니다. 처음에는 자연물이라는 가장 기본적인 뜻
이었는데, 이제는 윤리적인 인과법칙까지를 포함하는
법의 개념으로 발전되는 것입니다.

　'모든 업에는 반드시 그에 상응한 과보가 따르나니
라.' 이것이 이제 하나의 법칙으로 성립하는 것입니다.

이제 세상을 어떻게 살아가야 될 것인가 하는 길이 뚜렷이 우리 앞에 열리는 것입니다. 세상은 덧없고, 괴롭고, 나라고 할 수 없는 것입니다. 그렇다면 우리 인간들이 그렇게 덧없는 세상에서 어떻게 살아가야 될까요. 우리 인간들이 나라는 것은 당장 버릴 수 없으니까 아집을 가지고 살 수 밖에 없습니다. 그러한 아집을 가진 우리 인간들이 행복하게 살려고 한다면 부단하게 선업을 행하는 길 밖에 없다는 겁니다. 알겠습니까. 그럼으로써 괴로움을 덜어갈 수가 있는 겁니다. 선업을 지은 사람만이 '즐거움의 과보' 를 확신할 수 있는 겁니다.

우리에게 어떤 괴로움이 닥쳐왔다 하면 그 괴로움을 어떻게 생각해야 됩니까. 그것이 조상 때문입니까. 사회의 부조리 때문입니까. 또는 하나님의 벌이라고 봐야 되는 겁니까. 아닙니다. 자기가 지은 업의 과보로구나 라고 봐야 되는 겁니다. 모든 것은 자기가 지은 업의 과보인 것입니다. 그런데 모든 것을 자기가 지은 업의 과보라고 보면 이게 숙작인설(宿作因說)에 빠지는 것처럼 보일 수도 있습니다. 이 점을 이제 조금 조심해야 되는 겁니다.

부처님이 당시의 외도사상을 삼종외도설로 소개하셨

습니다. 모든 것은 존우가 화작(化作)한 것에 의해서 일어나느니라 하는 것이 존우화작인설(尊佑化作因說)이었습니다. 그 다음에 모든 것은 과거에 지은 업에 의해서 일어나느니라 라고 설하는 것이 숙작인설이라고 했습니다. 이 숙작인설과 불교의 업인과보설을 똑같은 것처럼 잘못 생각하는 사람이 참 많습니다.

'모든 것이 과거에 지은 업 때문에 일어나는 것이다' 이렇게 불교의 업설을 이해한다면 그 사람은 부처님이 가장 싫어했던 니간타 계통의 숙작인론자가 되는 겁니다. 우리 불교에도 그런 사람들이 참 많습니다. 불교의 업설은 숙명론이 아니라고 한다면, 어디가 다른 것 같습니까. 생각을 해봐야겠지요. 집에 가서 곰곰이 생각해보십시오.

숙작인설과 불교의 업설이 어디가 다릅니까. 모든 것은 일단 지으면 반드시 자기가 받게 된다는 것은 어길 수 없는 겁니다. 따라서 자기에게 어떤 길흉화복이 일어났다고 하면 일단 그것은 과거에 지은 업에 의해서 일어난 것이라고 봐야 되는 겁니다.

그러나 과거에 지은 업에서 과보가 일어난다는 현상이 중요한 것이 아닙니다. 불교에서의 업설은 우리 인간을 의지적 존재로 보고 있기 때문에 얼마든지 '새로운 업을 거기에다 작용할 수가 있다' 라는 점이 중요한 겁니다. 알겠습니까. 이 점이 대단히 중요한 겁니다.

자기가 지은 업은 반드시 받아야 되는 겁니다. 법망은 벗어날지 몰라도 업은 못 벗어나는 겁니다. 따라서 조그마한 악업도 우리는 두려워해야 되는 겁니다. 그것은 절대로 못 벗어나는 겁니다. 언젠가는 받고 마는 겁니다. 그것은 우주의 법칙입니다. 이 우주의 법칙이 존립하고 있는 한 우리는 그 인과를 벗어나지 못 합니다. 대단히 두려운 겁니다.

그러나 절망할 필요는 없습니다. 우리들이 아무리 악업을 지었다고 해도 새로운 업을 얼마든지 지을 수 있으니까요. 지은 업은 참회하면서 새로운 업을 얼마든지 지어나가면 되는 겁니다. 자기 인생을 얼마든지 개척해 나갈 수 있습니다. 이게 불교가 주는 희망입니다.

숙작인설이 유행처럼 번지고 있었던 인도사회에서 부처님이 소리쳤던 겁니다. 그것은 우리 인간에게 밝은 희망을 주는 복음이었습니다. 이게 불교의 업설이 숙작인설과 크게 다른 점입니다. 우리가 대하고 있는 현실이라는 것은 과거에 지었던 업들이 지금 나타나고 있는 '과거의 총화(總和)’입니다. 그러나 다 나타난 것은 아닙니다. 앞으로도 계속 나타날 겁니다. 한두 개의 업이 작용해서 나타나는 것은 아니니까 매우 복잡하겠죠. 일체 중생의 모든 업들이 얽히고 설키면서 나타나고 있는 현상이 바로 현실세계입니다.

그러나 현실세계는 또한 우리 중생들이 새로운 업을 작용해야 될 대상이요, 장소라는 겁니다. 이 점을 잘 생각하시면 불교의 업설이 무엇인지를 이해할 수 있습니다. 그리고 부처님이 아함경에서 사람들에게 무엇을 깨우쳤는가를 분명하게 이해할 수 있을 것입니다.

여기에서 불교의 대단히 중요한 또 하나의 측면을 살펴볼 수 있습니다. 모든 선업에는 낙과가 따르고, 악업에는 고과가 따른다고 하였습니다. 그리고 이러한 업인과보가 엄연하게 존재하고 있다고 하였습니다.

그러면 우리들이 다른 사람들을 어떻게 봐야 될 것인가. 한 중생이 자기 이외의 다른 모든 중생을 어떠한 마음으로 대해야 할 것인가. 이 문제를 생각해보지 않을 수 없는 겁니다. 인간과 인간의 관계라고도 할 수 있지만, 더 크게 중생과 중생의 관계를 어떻게 봐야 될 것인가를 생각해 보아야 합니다.

　이러한 진리를 접하지 못한 범부 중생들에게는 자기 이외의 모든 존재는 생존경쟁자로 비춰질 뿐입니다. 자기 안락을 위해서는 자기가 이겨야만 되는 대상이라는 겁니다. 사실 저희들이 돈을 벌면 어떤 사람인가는 돈을 잃어야만 되는 겁니다. 또 한 사람이 대학에 들어가면 한 사람은 떨어져야 되는 겁니다. 이렇게 본다면 참 비참한 겁니다. 한 사람이 돈을 벌었다고 하지만 다른 사람들은 그 사람 때문에 가난해지는 겁니다.

　그렇게 본다면 타인은 전부 생존 경쟁의 대상일 뿐입니다. 따라서 악착같이 짓밟고 이겨야 되는 겁니다. 자기가 잘되기 위해서는 남을 밟지 않으면 안 되게끔 되어 있는 겁니다. 이게 중생 세계입니다. 그래서 '악(惡)의 순환'이 일어나는 겁니다. 계속해서 악과 악이 서로 부딪치면서 싸우는 겁니다.

　그러나 이제 우리는 부처님의 법을 만나서 '업(業)의 진리'를 환히 들었습니다. 여러분 충분히 이해하셨죠. 업의 원리를 아는 입장이라면 타인을 어떻게 봐야 되겠습니까. 적으로 봐서는 안 되는 겁니다. 나와 똑같은 자로 보아야 합니다. 나와 함께 세상을 살아가야 될 나의 동반자로 보아야 합니다. 나의 안락을 위해서는 절대로 필요한 존재로 보아야 합니다. 내가 살기 위해서는 저 사람이 꼭 있어야 된다고 보아야 합니다. 나의 동반자로 볼 수밖에 없는 것입니다. 다시 말하면 친구로 봐야 되는 겁니다.

제5부 : 사무량심과 보은의 가르침

1. 사무량심의 가르침

그래서 부처님이 업설을 설하시면서 사무량심(四無量心)을 설하시게 되는 겁니다. 아함경에 보면 업설과 함께 사무량심이 수없이 설해지는 것입니다. 사무량심은 자비희사(慈悲喜捨)의 네 가지 무량(無量)한 마음을 말합니다. 자는 사랑 자(慈), 비는 슬플 비(悲), 희는 기쁠 희(喜), 사는 버릴 사(捨)입니다.

"자비희사의 마음을 시방에 가득 채워서 노닐어라"

"불교 행자(行者)는 자비희사의 마음을 무량하게 가지고 그것을 자기 주변에다 두루 가득 채워 그 속에서 활동해라"

"시방을 자비희사로 가득 채워 그 속에서 유행(遊行)하라" 부처님이 이렇게 가르치는 겁니다.

그 중에서 '자(慈)'라는 것을 먼저 알아봅시다. 이것은 사랑 자(慈)로 읽히는 말인데, 인도말로는 우정이라는 뜻입니다. 영어로는 friendship으로 번역합니다. 그래서 흔히 불교의 자비(慈悲)라는 것은 동체대비(同體大悲) 정도의 동정심(compassion)에 불과한 것으로 이해되고 있습니다.

기독교에서 말하는 사랑은 남을 개혁해서라도, 남을 고쳐서라도 잘 되게 하는 아가페적인 사랑이라고 말하는 것을 비교종교학 책에서 여러 번 읽은 적이 있습니다. 암암리에 불교에서의 자(慈)라는 것은 '너와 내가 동일하다고 하는 정도의 사랑이다' 라고 낮추어 보면서 말하고 있는 것입니다. 그러나 그것은 정말 잘못 이해하고 있는 것입니다. '업의 원리' 를 올바로 이해한 입장이라면 남을 나의 '진실한 동반자', '친구' 로 볼 수밖에 없는 것입니다.

'비(悲)' 라는 것은 무엇입니까. 글자 그대로의 뜻은 '슬퍼한다' 라는 것입니다. 이웃을 나의 친구로 받아들였기 때문에 그 사람이 괴로워하게 되면 내가 견딜 수가 없는 겁니다. 친구로 받아들였기 때문입니다. 진실한 친구일수록 그 친구가 괴로워할 때 그 괴로움을 나도 함께 나누어야겠다는 생각을 갖게 될 것입니다. 이와 같이

'함께 느끼는 슬픔'을 비(悲)라는 말로 표현하고 있는
겁니다.

그 다음에 '희(喜)'라는 말이 따라옵니다. '기뻐해
준다'라는 뜻입니다. 친구가 괴로워할 때에는 같이 슬
퍼해 줍니다. 그렇다면 친구가 잘 되었을 때는 어떻게
해야 되겠습니까. 친구가 잘 되면 공연히 질투심이 납니
다. 사촌이 논 사면 배 아프다는 말, 중생들의 견해에서
보면 당연한 일입니다. 친척이고 뭐고 없습니다. 전부
생존을 위한 경쟁자로 받아들입니다. 그런데 업의 원리
를 올바로 이해한다면 친구가 잘 되었을 때 흔연히 기뻐
해 줄 수 있는 마음이 비로소 생기는 것입니다. 이것이
바로 희(喜)의 무량심입니다.

그 다음에 '사(捨)'라는 말은 무슨 뜻입니까. '버릴
사(捨)' 자입니다. 사(捨)라는 것은 '마음이 항상 평정
하다'라는 뜻입니다. '마음이 담담한 상태'를 말합
니다. 모든 중생을 친구로 받아들인 이상, 그 친구가 나
에게 잘해줘도 그저 그만이고, 못해줘도 그저 그만입니
다. 항상 나는 변함없는 우정을 가지고 사는 것입니다.
그러한 평정한 마음을 사(捨) 자로 표현하고 있는 겁니
다. 버릴 사(捨) 자는 '집착을 버리고 세상을 담담하게

본다' 라는 뜻입니다.

"업설을 공부한 사람은 이 '네 가지 마음[四無量心]'을 마음 가득 채워가지고 세상을 살아가라" 부처님은 이렇게 가르치십니다. 그 사무량심(四無量心) 가운데서 가장 중요한 것은 자(慈)입니다. 여기에 모인 사람들이 다 같은 법우(法友)입니다. 법우들 사이에는 물론 그런 우정을 나누어야 될 것입니다. 이 우정을 작은 모임에서 그치지 말고, 대한민국 전체, 세계 전체, 전 우주에까지 무량하게 확산해 나갈 것을 부처님은 말씀하고 계십니다. 그래서 "시방(十方)을 사무량심으로 가득 채워서 그곳에서 노닐어라" 이렇게 말씀하고 계십니다.

이제 '대상을 어떻게 다뤄야 하는지', 그리고 '어떤 마음 자세로 세상을 살아가야 하는지' 가 어느 정도 뚜렷해지셨을 겁니다. 진리를 얻기 위해서 우리는 여기서 한걸음 더 나가야 됩니다. 그러나 우리 마음이 그렇게 항상 성인처럼 살아집니까. 공부할 때는 아는듯하지만 자기 마음 돌아보면 금방 다 잊어버리고 맙니다. 동반자로 생각하는 마음을 가지다가도 금방 적대심이 일어납니다. 보시를 하려다가도 금방 인색한 마음을 일으키게 됩니다.

2. 계율(戒律)의 가르침

그러기 때문에 부처님은 일상 생활을 살아갈 때 항상 좋은 버릇을 들이도록 가르치셨습니다. 지금까지 익혀온 버릇이 무거우니까 그 버릇을 버리고 새로 좋은 버릇을 들이게 하셨습니다. 그래서 다섯 가지 버릇을 새로 익힐 것을 저희들에게 부탁하십니다.

① 생명을 죽이지 말라.[불살생 不殺生]
② 도둑질 하지 말라.[불투도 不偷盜]
③ '잘못된 사랑'을 하지 말라.[불사음 不邪淫]
④ 거짓말 하지 말라.[불망어 不妄語]
⑤ 술 마시지 말라.[불음주 不飮酒]

이것을 오계(五戒)라고 합니다. 아함경에 설해지고 있는 가장 기본적인 다섯 가지 버릇입니다. 계(戒)라는 것은 인도말로 실라(Sila)라는 말인데 영어로는 해빗트(habbit)로 번역되고 있습니다. 무엇을 습관들인다는 뜻입니다. 그런데 이것은 계속 몸에 배이도록 해야 합니다. 그런데 사실은 그게 잘 안됩니다. 술 먹지 말라고 한다고 술 안 먹을 사람이 몇 분이나 됩니까. 술 안 먹는 사람은 담배도 끊어야 될 겁니다.

그러나 그 다섯 가지를 지니는 데 있어서 문자 그대로 지키라는 말은 아닙니다. 이게 불교가 다른 종교와 또 다른 점입니다. 그 당시 자이니즘에서도 불교와 비슷한 이러한 다섯 가지 계율을 설하고 있었습니다. 거기서도 살생하지 말라고 그랬습니다. 그런데 거기에서 말하는 살생은 이유를 막론하고 범해서는 안 되는 겁니다.

그래서 불교보다도 훨씬 더 계율 면에서 철서한 것은 자이니즘입니다. 그래서 자이나교도들은 농사도 못하게 되어 있습니다. 어업은 물론 못하고 농사도 못하게 되는 것입니다. 왜냐하면 농사를 짓느라고 땅을 파다 보면 벌레를 많이 죽이게 되기 때문입니다. 자이나교도들은 그래서 할 수 없이 장사를 하게 되었다고 합니다. 장사를 하면 상품을 유통시키고 적절한 이익만 보면 되니까, 무엇을 죽이지 않아도 되는 겁니다.

그러나 불교에서의 오계라는 것은 그 정신적 기반이 자비에 입각한 것입니다. 선악의 개념에서 선을 택하는 것입니다. 선업을 하기 위해서 술을 먹을 수밖에 없을 때는 먹어도 됩니다. 불살생계에 입각한다면 고기도 먹어서는 안 됩니다. 먹으려면 죽여야 하니까요. 그러나 선업을 행하기 위해서라면 불살생계도 예외적인 허용을 하는 것이 불교입니다.

제가 가끔 법회에 나가면 보살님들이 꼭 저에게 물어봅니다. 우리 남편은 추어탕을 그렇게 좋아하시는데 시장에 가서 추어를 사다가 해드려도 좋은 것입니까, 말아야 되는 것입니까. 추어탕, 남자들이 대개 좋아하거든요. 그런데 그것을 어떻게 대답해야 됩니까. 그럴 경우에 그 추어탕을 해 드려서 바깥사람이 정말로 건강을 회복해서 좋은 일을 많이 할 수 있다면 해드려야 됩니다. 그런데 술이나 마시려고 한다면 추어탕을 해드려서는 안될 겁니다. 절대로 해드릴 필요가 없습니다.

계율의 바탕은 자비고, 자비의 바탕은 선입니다. 그 선의 바탕은 모든 사람의 안락을 위하는 마음입니다. 자기만의 안락을 위하거나, 자기 가족, 자기 일가의 이익만 위하는 것은 안 됩니다. 기업도 자기 집, 자기 친척만을 위하는 기업이 있다고 하면 그것은 사회의 악입니다. 전 대한민국을 위한, 전 민족을 위한 기업이 돼야 됩니다. 모든 악은 용납되어서는 안 되는 것입니다.

불교적으로 본다면, 모든 개인, 모든 기업인, 모든 사람들은 민족이라는 집단 전체를 위하는 업을 일으켜야 되는 것입니다. 그러나 한민족(韓民族)이 한민족만을 위한 업을 일으키게 되면 한민족 안에서는 선업이 되지만, 일본 민족이나, 중국 민족이나, 다른 민족에게는 악업이 될 수도 있습니다. 세계 평화를 위해서는 전 세계 인류를 위한 업을 일으켜야 됩니다. 더 나아가서는 전체 중생의 이익을 위한 업을 일으켜야 되는 것입니다.

부처님은 "일체 중생을 친구로서 맞이해라" 라고 하신 겁니다. 그런데 불교적으로 세상을 살려고 하면 일체 중생을 적으로 대하지 말아야 합니다. 그래서 적이 쳐들어와도 가만히 발 뻗고 앉아만 있어야겠구나 라는 생각을 일으킬 사람도 있을 겁니다. 아예 총대를 메서도 안 되겠구나 라고 생각할 수도 있을 겁니다. 그런데 그건 잘못 생각한 겁니다. 부처님은 그것에 대하여 또 다른 가르침을 주셨습니다.

3. 보은[報恩]의 가르침

업인과보의 법칙은 전 중생에 미쳐야 합니다. 그러나 그 속에서도 한 사람이 한 사람에게 특별히 잘해 줬다고 하면, 모든 것을 희생하면서까지 잘해줬다고 하면 그 사람의 은혜를 잊어서는 안 되는 것입니다. 그 사람의 은혜만큼, 그 사람이 나에게 베풀어준 만큼, 갚아 드려야겠다 라는 생각을 일으켜야 마땅한 것입니다. '은혜를 갚아야 하는 법칙' 이 업설의 이론으로 볼 때 당연히 성립하게 되는 겁니다.

모든 업인에는 그에 상응하는 과보가 따라 갑니다. 그래서 일체 중생을 친구로 받아들이는 '보편적(普遍的)인 윤리(倫理)' 위에, 한걸음 더 나가게 되면 이제 '특별한 윤리' 가 성립하게 됩니다. 많은 사람 중에서도 자기에게 가장 많은 은혜를 주신 분들이 부모, 스승, 부처님이겠지요. 이분들은 우리에게 가장 깊은 은혜를 베풀어 주신 분들입니다. 따라서 그런 분에 대한 은혜를 잊어서는 안되는 겁니다. 그렇게 특수하게 베풀어진 은혜(恩)에 대해서 잊을 수는 없는 것입니다.

따라서 부처님은 '보편적인 윤리' 위에 다시 '특
수한 윤리'를 설하고 계신 겁니다. 그러한 것은 아함경
의 『육방예경(六方禮經)』 같은 데서 볼 수 있는 것입니
다. 이것이 불교의 '지은(知恩)' '보은(報恩)'의 교설
이라는 겁니다. 이러한 은(恩)의 교설은 다른 종교에서는
찾아 볼 수 없는 겁니다. '불교의 특수 윤리'는 '부
모에 대한 효(孝)'를 은(恩)이라는 개념을 중심으로 생
각하게 되는 것입니다.

『부모은중경』을 보면 부모님께서는 10종의 막대은
(莫大恩)을 저희들에게 베풀어 주셨으니까 그 부모님께
마땅히 보은(報恩)의 행을 해야 한다고 설하고 있습니다.
이것이 불교에서 말하는 효(孝)인 것입니다.

이러한 은(恩)의 개념이 우리 사회에는 정착이 잘 되어
있습니다. 그래서 졸업 시즌만 되면 저희들은 꼭 사은회
(謝恩會)를 받습니다. 제자들이 스승의 은혜를 갚는다는
겁니다.

'스승의 은혜', '부모의 은혜'처럼 이 은(恩)이라
는 개념이 우리 사회에는 깊이 정착되어 있습니다. 그런
데 저도 처음에는 이것이 유교에서 온 개념인가 하고 생
각했습니다. 한때 그 방면의 논문을 쓴 적이 있습니다.

그래서 유교에 관한 책을 거의 다 섭렵해 봤습니다. 섭렵해 봤더니 은(恩)이라는 개념이 유교 경전에는 거의 나타나지 않는다는 것에 놀랐습니다. 거의 나타나지 않습니다.

그렇다면 거기에서는 부모에 대한 효를 어떻게 설하고 있느냐. 부모는 하늘(天)이라는 겁니다. 그러니까 부모에게 효를 하는 것은 하늘의 뜻에 따라서 하는 것입니다. 부모가 어떻게 하든지 간에 자식은 마땅히 효를 해야 되는 겁니다. 그것은 '하늘의 도리'(天道)이기 때문입니다.

그래서 부모가 어떻게 해야 한다는 것은 유교 문헌에 별로 나타나지 않고 있습니다. 아들이 어떻게 해야 한다는 말만 잔뜩 써져 있습니다. 또 국왕이 백성들에게 어떻게 해야 한다는 말은 별로 없습니다. 백성들이 국왕에게 충성을 다해야 된다는 말만 잔뜩 씌어 있는 것입니다.

그런데 불교 아함경을 보게 되면 그렇지 않습니다. 백성이 국왕에게 어떻게 해야 된다는 말은 별로 없습니다. 대신 국왕 된 자는 십선(十善)으로 백성을 다스려야 된다라고 가르칩니다. 선과 악을 명백하게 구별해서 악한 자는 벌하고, 선한 자는 상을 주라, 이것을 대단히 강조하고 있는 것입니다. 그래야만 정치가 바로 선다는 겁니다. 악한 자를 용서해주고 선한 자를 벌하는 이런 정치를 해서는 정치가 안 된다는 것입니다. 국왕된 자가 어떻게 세상을 다스려야 될 것인가를 불교 경전은 정말로 많이 설하고 있는 것입니다. 그런데 이 모두가 업설의 가르침을 토대로 하고 있는 것입니다.

효의 문제를 보면 자식이 부모에게 어떻게 대해야 한다는 말도 나오지마는, 부모가 자식에게 어떻게 은혜를 베풀었는가를 더 많이 말하고 있습니다. 따라서 그러한 부모의 은혜를 우리들은 잊을 수가 없다는 겁니다. 그래서 부모에 대한 자식들의 효가 자발적으로, 자율적으로 일어나게끔 부처님은 깨우치고 계신 것입니다. 이것도 모두 업설의 가르침을 토대로 한 것입니다.

이렇게 본다면 외국에서 우리나라를 쳐들어 왔을 때 어떻게 할 것인지 쉽게 알 수가 있을 것입니다. 특히 우리 한국사회는 역사적으로 계속 외적의 침입을 받아온 불행한 땅입니다. 이러한 땅에 살고 있는 우리 민족이 그러한 문제를 어떻게 대처해야 될 것인가. 우리는 먼저 우리가 국가에서 받고 있는 은혜(恩)라는 것이 정말로 지중(至重)하다는 것을 깨우쳐야 됩니다. 그것을 국은(國恩)이라고 하는 겁니다.

그런 국은을 생각할 때 이 나라에 속한 모든 국민은 무엇보다도 먼저 국가가 잘 되어 나가기를 바랄 수밖에 없습니다. 이것은 업설과 보은의 가르침에 따른다면 필연적인 결론이라고 말할 수 있을 겁니다. 부처님은 아까 제가 말한 대로 보편적인 윤리만 설하신 것이 아니라, 은(恩)의 개념을 통해서 특수한 윤리까지 설하고 계신 겁니다.

맺음말

아함경에 설해지고 있는 가장 기본적인 법문은 '십이처', '삼법인', '십업설'로 구성되어 있는 것입니다. 이 셋으로 구성된 법문의 체계를 '업설의 법문'이라고 말합니다. 그래서 이 업설만 가지고도 세상을 어떻게 살아갈 것인가를 분명히 알 수 있습니다. 그리고 이 업설만으로도 다른 종교와 불교가 어떻게 다른 것인지가 아주 뚜렷해지는 겁니다. 여기까지를 불교에서는 세간법의 가르침이라고 말합니다.

그런데 불교는 여기서 그치지 않고, 한걸음 더 나가게 되는 것입니다. 우리가 아무리 선업을 지어도 결국 죽음은 해결할 길이 없습니다. 선업을 지은 사람도 언젠가는 죽을 때가 오는 것입니다. 천상에 태어나도 마찬가지입니다. 천상에 태어난 존재도 천상의 업력이 다하면 수명이 다하게 되고 다시 죽게 되는 것입니다.

그러면 '죽음의 문제'를 해결할 길은 없는가. 이제 이 문제에 우리가 부딪히지 않을 수 없게 되는 겁니다. 이러한 죽음의 문제를 근본적으로 해결하고자 하면 어떻게 해야 될 것인가. 부처님은 그 문제에 저희들을 데리고 가십니다. 우리들로 하여금 인간에게 죽음이 왜 있게 되는가 하는 것을 여실하게 보도록 하셨습니다. 스스로 보아야만 하는 것이기 때문에 이것은 업설에 비해서 좀더 심오한 법문이 되는 것입니다. 그리고 그 법문은 공부하지 않으면 대단히 알기 어렵게 되어 있습니다.

이것을 해결하는 법문들을 아함경에 설해지고 있는 대로 우선 이름만 여러분에게 소개해 드리겠습니다.

먼저 '육육법(六六法)'이라는 대단히 미묘한 법문이 있습니다.

그리고 거기서 한걸음 더 들어가게 되면 '오온 사제설(五蘊 四諦說)'이라는 것이 있습니다.

더 들어가게 되면 '십이연기설(十二緣起說)'이라는 법문이 있습니다.

이 세 가지 법문은 생사를 초월하는 가르침을 담고 있습니다. 생사를 초월하는 가르침은 십이연기설에서 완성됩니다. 그래서 아함경의 가르침은 십이연기설에서 완성된다고 말하는 것입니다.

이러한 '십이연기설'에서 설해지고 있는 '연기의 개념'을 바탕으로 해서 대승불교에서 말하는 '반야바

라밀다(般若波羅密多)'의 공관(空觀)의 철학이 성립하는
것입니다.

　그리고 법화경의 '일불승설(一佛乘說)'이 있습니다.

　그러나 이러한 심오한 법문들을 제가 짧은 시간에 여
러분들에게 소개한다는 것은 도저히 불가능하기 때문에
오늘은 여기서 마치겠습니다.

착한 일의 보람

　'착한 일의 보람'은 1988년 서울 신촌 세브란스 병원의 중환자실에 입원해 계시면서 쓰신 것으로 아함의 교설 가운데 외도비판부터 업설까지를 게송으로 엮으신 것입니다.

제1장 삼종외도(1-10)
三種外度

1.　인간과 세계의 모든 것은
　　태초에 하느님이 지으셨다는
　　말은 지극히 타이르기 쉬워
　　많은 사람이 믿고 따른다.

2.　어떤 이는 이 말을 반대하면서
　　사람들이 잘 살고 못 살고는
　　지나간 삶에 지어온 업의
　　과보로 나타난 것이라고 한다.

3.　또 어떤 이는 따져 말하기를
　　모든 것이 애초에 있게 된 것은
　　그저 우연한 사건이오
　　이유를 찾을 수 없다고 한다.

4. 누구의 말을 믿을 것인지
    우리는 헤매지 않을 수 없네
    궁극적 진리는 하나일텐데
    왜 서로 말이 엇갈릴까?

5. 그러나 한 가지 분명한 것은
    세 가지 가르침은 어느 것이나
    인간이 범하는 죄악 또한
    함께 시인해야만 한다.

6. 그리고 모든 것의 일어남이
    그런 원인에 의한다면
    할 바와 안 할 바를 선택하는
    내 마음의 뜻도 없어야 하리

7. 허나 우리들의 마음속에는
    분명히 자유로운 의지가 있고
    세 가지 가르침의 스승들 또한
    인간의 죄악을 탓하고 있다.

8. 이런 문제성을 어떻게 볼까?
    눈앞에 뚜렷이 있는 사실을
    올바로 설명하지 못하는 것을
    어찌 궁극적인 진리라 하리.

9. 인간과 세계가 생겨나기 전
   태초의 모습을 본 사람은
   이 세상 어디에도 없다는 것을
   우리는 잊지 말아야 하리.

10. 그렇다면 우주의 기원에 대한
    문제는 다시 제기되어야 한다.
    눈앞의 모든 것을 올바르게
    설명할 수 있는 길은 무엇일까?

제2장 십이처설(11-17)
十 二 處 說

11. 이런 종교적 사색이 기댈
    눈앞에 일어나는 '모든 것'은
    우선 누구나 인식 할 수 있는
    인간과 자연으로 구성되고 있다.

12. 그리고 그 중의 인간에게는
    자유로운 의지가 있다는 사실
    더 이상 말할 필요 있을까?
    그러기에 부처님도 말씀하신다.

13. "모든 것이란 어떤 것인가.
    눈 귀 코 혀 몸 의지와
    색 소리 냄새 맛 만짐 법의
    열두 간 데에 들어간다."

14. 다섯 감관의 주체가 되는
    제 육(六)의 감관을 의지라 하고
    그 인식 대상을 법이라 하신
    그 말에 깊은 뜻이 깃들어 있네.

15. 인간을 둘러싼 자연물은
    의지가 거기에 작용하면
    필연적인 반응만 보여주기에
    법이라는 말을 쓰신 것이다.

16. 눈앞의 복잡한 모든 것이
    짤막한 몇 마디 말씀 속에
    참으로 정확하게 포괄되어 있으니
    잘 파악된 것이라 않을 수 없네.

17. 불교 공부를 뜻하는 이여
    무엇보다 먼저 이 열두 간 데를
    자신의 세계로 받아들여라.
    세계의 중심은 네 자신이다.

제3장 삼법인(18-40)
三 法 印

18. 그런 세계관이 이뤄지면
    다시 좀 더 깊이 살펴보아라
    열두 간 데는 어떤 것인가?
    끊임없이 생멸하며 변하고 있다.

19. 젊은이가 어느새 늙는가 하면
    이내 슬퍼 죽음을 맞는다.
    목숨 없는 것들도 마찬가지
    티끌에서 별에 이르기까지

20. 모든 것이 이렇게 덧없음은
    괴로운 일이 아닐 수 없다.
    아름답고 싱싱한 젊음보다도
    늙음을 좋아할 사람 어디 있을까?

21. 건강 또한 얼마나 오래가던가.
    어느덧 괴로운 병에 걸리니
    그러한 병을 즐거움이라고
    생각할 사람은 없을 것이다.

22. 세상에 괴로움이 많다지만
    죽음보다도 더한 것은 없다.
    어떻게 해서라도 살아남으려
    발버둥치고 있는 모습들을 보라.

23. 이런 관찰을 더 밀고 나가면
    '내가 아니다' 는 판단이 든다.
    '나' 라는 것은 변하지 않는
    주체적인 것이어야 하기 때문에

24. 그러기에 부처님은 다시 설하신다.
    "모든 것은 덧없느니라.
    덧없는 것은 괴로움이요
    괴로운 것은 나가 아니다"

25. 부처님의 가르침에 들어온 이는
    열 두간데 이어 베풀어진
    이 세 가지 법의 속성[三法印]에서
    다시 많은 것을 배울 것이다.

26. 속된 가치에 눈이 어두어
    선심 한번 써 보지 못한
    어리석음들이 이 법문에서
    깨쳐지는 바가 많을 것이다.

27. 사리 사욕과 다툼 등은
　　모두가 '나'라는 집착에서 온다.
　　그러한 나를 버릴 수 있는 길도
　　이 법문에서 찾을 수 있다.

28. 그러나 한 가지 이상한 것은
　　내가 아닌 데도 왜 나라고
　　모든 사람이 생각하고
　　또 집착할 수 있는 것일까?

29. 다른 종교라면 이 점 또한
　　어려운 문제로 대두되리라.
　　그러나 불교에선 문제 안 된다.
　　처음부터 자유의지 인정했으니

30. 자유로운 선택이 가능하기에
　　집착 할 수도 안 할 수도 있다.
　　집착하면 어떤 결과 있게 되고
　　안 하면 또 어떻게 되는 것일까?

31. 불교는 이 점을 중히 여긴다.
　　나 아닌 것을 나라고 집착하면
　　그 때문에 괴로움이 일어나고
　　덧없음을 겪게 되기 때문에.

32. 잘못된 집착에서 괴롬 일어나는
    까닭을 이제 설명하리라.
    열 두 간데서 안의 여섯은
    어떻게 되었는지 살펴보자.

33. 의지는 순수한 정신이지만
    눈·귀·코·혀·몸의 다섯은
    물질과 정신의 두 요소가
    함께 미묘히 화합해 있다.

34. 주변의 조건이 달라지면
    물질적인 부분은 그것 또한
    함께 달라지려 할 것이다
    그것이 물질의 성질이기에.

35. 허나 정신적인 '나'의 집착은
    그런 변화를 허용 못한다.
    현재의 상태를 불변의 '나'로
    강한 집착을 하고 있기에.

36. 무거운 짐을 받쳐들고 있듯
    변하려는 것을 막고 있는
    나의 집착은 몹시 힘이 든다.
    이 '힘듦'이 곧 괴로움이다.

37. 주변의 조건이 더 달라지면
　　괴로움도 그에 따라 더 커진다.
　　버틸 수 있는 한계 넘으면
　　둑이 무너지듯 무너지리라.

38. 이 달라짐이 덧없음이니
　　나의 집착에서 괴롬 생기고
　　괴롭기 때문에 덧없게 되는
　　이치가 이제 환하리라.

39. 그러기에 부처님은 또 이르신다.
　　"열 두 간 데 모두는 '나'가 아니다.
　　나의 집착은 극한에 가서
　　이러지도 저러지도 못하게 된다."

40. 참으로 세 가지 법의 속성은
　　뜻 깊은 말씀이라 않을 수 없다.
　　두 귀가 닳도록 거듭되면서
　　경전에 설해짐은 이 때문이다.

제4장 업(41-52)
業

41. 즐거움과 괴로움을 겪게 되면
    사람은 누구나 주변 조건에
    사랑과 미움을 느끼게 되고
    의지적인 작용을 가하게 된다.

42. 사랑스런 대상은 끌어들이고
    미운 것은 없애거나 멀리하며
    되도록 편하려는 그런 활동을
    불교는 '업'이라고 부르고 있다.

43. 업이라는 원인에는 그에 상응한
    결과가 반드시 나타나리라.
    먼저, 사람과 자연물과의
    인과 관계부터 살펴보자.

44. 업을 처음 일으킴은 사람이오
    그것이 자연물에 미치게 되면
    필연적인 반응을 하리라는 것
    새삼 말할 필요 없을 것 같다.

45. 다음은 사람과 사람 사이
    어떤 관계 있나 살펴보자.
    결정적인 말을 하기 어렵다.
    상대방도 의지가 있기 때문에

46. 의지 없는 자연물이 필연적으로
    반응하는 것관 전혀 다르게
    그도 제 의지를 작용하여
    어떻게 반응할 지 모르는 것이다.

47. 그러나, 아무리 그렇다 해도
    사람이 애초에 업을 일으킨
    까닭을 다시 한번 생각해 보면
    문제가 쉽게 풀리리라.

48. 사람은 누구나 한결같이
    괴로움을 덜고 편히 되려는
    동일한 뜻을 갖고 일하고 있어
    업의 방향이 같을 것이다.

49. 그렇다면 두 사람 중 어느 한 쪽이
    나와 남의 편함을 함께 구하면
    다른 쪽도 그의 뜻에 따를 것이고
    그렇지 않으면 맞설 것이다.

50. 따라주는 업은 쉽게 이뤄져
    즐거운 결과 맞을 것이고
    맞서는 업은 어렵게 되어
    괴로운 결과를 맞을 것이다.

51. 착한 업에는 즐거운 과보가
    악한 업에는 괴로운 과보가
    각각 따른다고 말할 수 있어
    사람사이 관계에도 법칙이 선다.

52. 의지의 대상을 '법'이라 하신
    부처님의 말씀이 새삼스럽다.
    자연물만 아니라 사람까지도
    인과 관계가 있단 뜻이다.

제5장 삼세인과의 깨달음(53-71)
三 世 因 果

53. 열두 간데 들어간 전 우주를
    움직이고 있는 힘은 무엇일까?
    그것은 오직 인간 의지의
    '일의 힘'이라는 말이 된다.

54. 허나, 과연 그렇게 볼 수 있을까?
    인간이란, 우주에 지구가 생겨
    그 속에 진화한 생물 중에서
    하나에 지나지 않는 것이다.

55. 그런 인간이 어떻게
    우주를 움직이고 있단 말인가
    도저히 받아들일 길이 없는
    헛된 따짐이라 않을 수 없다.

56. 인간 사회를 들여다봐도
    착한 일을 하고도 고생만 하고
    악한 일을 하고도 잘만 사는
    그런 경우가 많기만 하다.

57. 원자나 세포의 구조를 보자.
    얼마나 미묘하고 신비로운가.
    어찌 인간의 짓이라 하리.
    그럼 다시 딴 힘이 있단 말인가.

58. 세 가지 종교를 비판하고
    올바른 길을 걸은 불교도
    이제 쉽게 뚫을 수 없는
    벽에 부딪치고 말았다 하리.

59. 허나 불교에 들어온 이여.
     당황커나 뒤로 물러서지 말라.
     깨달음에 들어갈 바로 문 앞에
     그대는 지금 서 있다.

60. 두발을 맺고 똑바로 앉아
     문제를 조용히 생각해 보라.
     업의 이치로 설명 안 되는
     그런 현상은 왜 일어날까.

61. 세 가지 종교는 그런 현상을
     오히려 쉽게 해명해 준다.
     처음부터 그들은 그런 현상도
     사람의 짓으로는 보지 않기에

62. 그렇다면 그들에 되돌아갈까?
     일의 이치에 어긋나리라.
     모든 종교를 수용한다면
     궁극의 진리는 되지 못한다.

63. 이모저모 생각하며 올바른 길을
     더욱 줄기차게 밀고 나가라.
     틀림없이 막힌 담이 확 뚫리며
     시원한 깨달음이 열릴 것이다.

64. 그리하여 눈앞에 환히 보이리라.
이미 과거에도 무수한 삶이
미래에도 무수한 삶이 있어
업의 인과가 상속하는 걸.

65. 설명되지 않았던 현상들은
세 삶에 걸친 그러한 일로
일어나고 있음을 깨달았을 때
모든 의심은 사라지리라.

66. 그러기에 깨달으신 부처님은
"의지가 작용하여 지은 일은
반드시 현재나 또는 미래에
과보를 받는다." 고 말씀하신다.

67. 불교에 들어온 이여, 노력하여
그런 깨달음 열도록 하라.
깨달음에 이르는 올바른 길은
빈틈없이 네 앞에 제시되었다.

68. 다만, 벽을 뚫는 고된 일만은
네 스스로 하도록 남겨져 있어
문제의 중심에 모든 생각을
집중하는 길 밖에 없는 것이다.

69. 깨달음을 얻고저 노력 않으면
    진정한 불교인은 되지 못한다.
    불교는 애초에 깨달은 이가
    깨닫게끔 하려는 종교이다.

70. 부처님의 말씀이나 믿겠다면
    신심이 장한 듯 보이지만
    참으로 믿는 사람도 못된다.
    확신은 깨달음에서 오기 때문에

71. 부처님에 대한 깊은 믿음이
    특별히 강조되고 있는 것은
    그것이 깨달음에 이르는 길에
    중요한 요소되기 때문이다.

제6장 십업과 육도(72-85)
十 業   六 道

72. 세 삶에 걸친 일의 진리를
    깨닫지도 믿지도 못한 것을
    불교는 근본적인 모름이라 한다.
    그런 모름 있으면 어떻게 될까?

73. 욕심과 성냄을 일으키고
  이 셋을 바탕으로 밖을 향해
  되도록 편하고저 말과 몸으로
  끊임없이 악한 일을 일삼게 된다.

74. 살생, 도둑질, 사음의 셋은
  몸으로 짓는 나쁜 일이요.
  거짓말, 꾸밈말, 욕과 두말은
  말로 짓는 나쁜 일이다.

75. 자신의 편함부터 추구하는 것
  괴로운 인간의 자연스런 일
  그러기에 열 가지 나쁜 일부터
  부처님은 지적하고 계신 것이다.

76. 악한 일이나 착한 일들은
  짓는 바에 따라 과보 받는다.
  현재의 삶에서 못 받은 것은
  다음 삶에라도 반드시 받아

77. 천신과 인간, 아수라는
  착한 일에 따르는 다음 삶이오
  귀신과 짐승 또 지옥은
  악한 일에 따르는 다음 삶이다.

78. 여섯 가지 가는 길은 업의 과보라
    모든 중생은 다 같은 것
    오직 사람만이 으뜸이라는
    절대적인 근거는 없다하리.

79. 이런 사실을 환히 안다면
    어찌 나쁜 일을 할 수 있으리
    열 가지 악한 일은 부정하고
    착한 일을 자진해서 힘써야한다.

80. 작은 벌레라도 죽이지 말라.
    남의 물건을 훔치지 말라.
    사음과 거짓말을 멀리하고
    술은 어떤 경우에도 마시지 말라.

81. 다만 그렇게 지켜 나감이
    남을 괴롭히는 일이 되거든
    과감히 버리는데 진정한
    뜻이 있다는 사실 잊지 말아라.

82. 남이라는 존재가 몰랐을 때는
    나를 위협하는 적이었지만
    알고 보니 함께 일해야만 할
    절대로 필요한 동반자이다.

83. 진정으로 사랑하는 나의 벗으로
    모든 사람을 맞이하여라.
    그들과 슬픔을 함께 나누고
    좋은 일은 마음껏 기뻐해주라.

84. 한없이 뜨거운 너의 우정을
    그들이 어쩌다가 저버린다 해도
    '나' 라는 생각을 멀리 떠나
    담담히 그들을 봐 주라.

85. 그런 네 가지 마음이 햇살처럼
    한없이 사방으로 퍼져나가
    빈틈없이 우주를 가득 채울 때
    너의 행은 아무런 걸림 없으리

제7장 보시(86-96)
布 施

86. 모든 이를 적으로 대하지 않고
    진정한 벗으로 맞이했거든
    짓밟고 빼앗던 방향을 돌려
    가진 것을 아낌없이 베풀어 주라.

87. 남의 목숨 빼앗는 살생 등의
    열 가지 나쁜 일의 바탕이 됨은
    빼앗음이란 걸 의식하여라.
    착한 일의 바탕은 주는 일이다.

88. 다음 삶에 하늘에 태어나거나
    다스리는 사람이 되는 길도
    다섯 가지 지킴과 줌 이지만
    그 중에서 특히 주는 일이다.

89. 가난한 사람에게 재물을 주고
    병든 사람에게 약을 주고
    구도하는 이에겐 법을 주어
    모든 걸 아낌없이 베풀어 주라.

90. 속으로 얻을 바를 기대하거나
    받는 이를 오히려 괴롭게 하고
    또는 게으르게 만드는 줌은
    깨끗한 마음의 줌이 아니다.

91. 준다는 생각에 머물지 않고
    받는 이와 주는 물건 잊어버리는
    그러한 베풂에 노력하라.
    너의 공덕은 한없으리라.

92. 모든 생류는 평등하거니
    불교윤리는 보편적인 것
    그러나 부모의 은혜처럼
    특수한 경우를 어찌 잊으랴.

93. 은혜와 보답을 바탕으로
    불교의 사회윤리 확립된다.
    부모에게 진심으로 효도하라.
    아내를 진정으로 사랑하라.

94. 자식을 훌륭히 길러내고
    이웃과도 친절하게 잘 지내며
    스승의 깊은 은혜 잊지 말며
    나라를 위해서는 적을 무찔러라.

95. 이상 불교의 업의 교설을
    대강 엮어 일렀거니
    뜻만은 정확하게 파악하라.
    불교란 한 마디로 어떤 것인가?

96. "모든 악은 짓지 말고
    모든 선은 힘써하며
    제 마음 스스로 맑게 하라.
    이것이 모든 부처님의 가르침이다."

후기

병고 고익진 스승님을 추모하며

스승님의 21주기 기일을 기리며, 스승님께서 23년전 불광사 법회에서 설법하신 말씀을 『고익진 교수님이 들려주는 불교 이야기』로 엮어 발간하였습니다.

스승님의 말씀을 토씨 하나 그대로 살려 책으로 엮었기 때문에, 책을 읽다보면 마치 스승님께서 다시 오셔서 나직한 목소리로 설법을 들려주시는 것 같습니다.

이 책에서 스승님께서는 불교를 처음 접하게 된 인연, 아함경의 4대 법문과 불교의 6대 법문 그리고 불교를 체계적으로 공부하는 방법을 설하시고 계십니다.

20대 젊은 시절, 불치의 병을 얻어 오랜 기간 병동에서, 산사에서 외로이 투병하면서 반야심경을 접하고 불교를 공부해 나가는 과정은 언제나 감동을 주고 있습니다. 스승님께서는 불교를 알기 쉽게 체계적으로 설하여 주실 뿐 아니라, 나약한 몸에도 불구하고 몸소 실천하신 구도와 전법의 열정은 나태한 저희들을 다시 일깨우고, 발심하도록 힘을 주고 있습니다.

일찍이 스승님께서는 이 땅에 '아함 법상'을 설하시어 한국 불교에 새로운 바람을 일으키셨습니다. 지금 많은 불자들이 아함의 중요성을 인식하고 공부하고 있으며, 서점가에서는 아함경의 남방전승인 '니까야' 붐이 일고 있습니다. 이번에 편찬한 『고익진 교수님이 들려주는 불교이야기』도 불교를 공부하는 분들에게 올바른 이정표가 되었으면 합니다.

이 책의 발간에는 스승님을 향한 일승보살회 회원들의 한결같은 마음이 담겨있습니다. 특히 법문 테이프를 필사하여 정리하는 과정에서 지성남 법우님, 신춘열 법우님, 안승준 법우님 그리고 스승님의 장남인 고승학 법우님의 노력이 함께 하였습니다.

스승님의 법문을 한 글자도 놓치지 않고 책으로 엮어 펴낸 법우님들의 지극한 정성에 대해 이 면을 빌어 감사의 말씀을 드립니다.

그리고 이 책의 발간의 인연으로 스승님의 지혜와 자비를 더욱 많은 사람들이 함께 공유할 수 있도록 정진하겠습니다.

나무마하반야바라밀

2009년 11월 8 일

일승보살회 회장 정 하 경 합장

저자 : 병고(丙古) 고익진(高翊晋)

1934년 전남 광주 출생
동국대학교 불교대학 불교학과 졸업
동국대학교 대학원 석사・박사과정 졸업(철학박사)
동국대학교 불교대학 교수
한국불교전서 편찬실장
1988년 10월 17일(음력 9월 7일) 입적(入寂)

주요 논저(論著)
아함법상(阿含法相)의 체계성 연구
원효의 진속원융무애관과 그 성립이론
원효사상의 실천원리
원효의 화엄사상
원묘 요세의 백련결사
고려불교사상의 호국적 전개
백련결사의 사상전통과 천책의 저술 문제
한역 불교근본경전 (동국대출판부)
한글아함경 (동국대출판부)
한국의 불교사상 (동국대출판부)
한국찬술불서의 연구 (민족사)
한국고대불교사상사 (동국대출판부)

법 공양문

병고 고익진 스승님을 추모하며
고익진 교수님의 법문집인 『고익진 교수님이 들려주는
불교이야기』를 인연 불자님들께 배포합니다.
이 공양이 불자들의 신심을 드높이고 지혜를
증장하는데 많은 도움이 되고 또 공양의 공덕으로 이
국토에 좀 더 지혜롭고 복덕 구족한 불자님들이 많아져
이 국토가 정신적으로 물질적으로 풍요로운 곳이 되어
이곳에 사는 모든 분들이 행복하시길 발원합니다.
나무 석가모니불

법보시 유포 동참 :

문자및 음성으로 주소와 필요한 부수 남기세요
법보시 요청연락처 (핸폰 번호)
010-3221-7801   062-222-7801
법보시동참계좌
국민은행 016702-04-430163 신춘열

불기 2568년(서기 2024년) 9월 23일
일승보살회회원일동 광륵사 광륵선원 신도일동

고익진 교수님이 들려주는

불교 이야기

초판 9쇄 : 불기 2568(서기 2024)년 9월 23일

著　　者 : 고 익 진

發 行 人 : 지 성 남

發 行 處 : 광 륵 사

　　　　　등록 성북구 제 307-2009-26호(2009.4.13)

　　　　　　성북구 동소문동 4가 200 복전빌딩 1층

　　　　　☎ 02) 953-7801, 923-7597

供 給 處 : **일승보살회**(서울시 성북구 아리랑로 5길 12-9

　　　　　생활인의 불교도량 **광 륵 사**

　　　　　광주광역시 동구 증심사길 29-17(운림동 392)

　　　　　☎ 062) 222-7801, 224-7801, FAX 062) 234-8124

　　　　　흥불구세복전 법보시도량 **광륵사 광륵선원**

　　　　　서울특별시 성북구 동소문로13길 33 (동소문동4가)

　　　　　☎ 02) 923-7597, 953-7597 010-6828 -9578

　　　　　E-mail : abhimu@hanmail.net

　　　　　　　　　abhimu@naver

　　　　　ⓒ 광륵사 2009

정가 5,000원　ISBN 978-89-962527-1-9 03220